Os Pretendentes ao Trono

(Kongs— Emnerne)

1864

Peça histórica em cinco atos de

Henrik Ibsen

Tradução

Daniel Maciel

Cotejamento com a tradução para o inglês de

William Archer

Arquitrama

Dados Internacionais de Catalogação na Publicação (CIP)
(Câmara Brasileira do Livro, SP, Brasil)

Ibsen, Henrik, 1828-1906
   Pretendentes ao trono [livro eletrônico] /
Henrik Ibsen ; tradução Daniel Maciel ; cotejamento
com a tradução para o inglês de William Archer ,
Daniel Maciel. -- São Bernardo do Campo, SP :
Daniel Maciel, 2024.
   ePub

   Título original: Kongs-Emnerne.
   ISBN 978-65-01-24613-0

   1. Teatro norueguês I. Archer, William.
II. Maciel, Daniel. III. Título.

24-240951   CDD-839.822

Índices para catálogo sistemático:

1. Teatro : Literatura norueguesa : Adaptações
      839.822

Aline Graziele Benitez - Bibliotecária - CRB-1/3129

Sumário

PREFÁCIO DE UM PRETENDENTE

Não que quero me prolongar aqui, por isto vou tentar ser bem objetivo. A primeira vez que me deparei com o nome de Henrik Ibsen foi durante meus estudos de roteiro e dramaturgia na pós-graduação. Nesse período, seu nome surgia frequentemente em discussões sobre o impacto duradouro de sua obra na dramaturgia contemporânea. Ibsen é um autor fundamental, e suas peças ultrapassam o teatro, inspiraram - e muito - o cinema através da forma e estrutura nas narrativas e das abordagens mais profundas na construção de personagens e tramas. Mas indo além do teatro e do cinema, a obra de Ibsen teve um impacto profundo em outro formato audiovisual, as séries dramáticas de TV. Por exemplo, ao ler *O Pato Selvagem*, não pude deixar de me lembrar do episódio piloto da icônica série *The Sopranos*, onde Tony Soprano preocupa-se com os patos selvagens em sua piscina e constrói para eles uma rampa para que pudessem entrar e sair d'água, assim como Hjalmar Ekdal, na peça de Ibsen, também faz para o pato selvagem que vive no sótão de sua casa. Certamente, uma referência tão direta, ressalta a influência poderosa do autor norueguês sobre o autor da série e na cultura contemporânea.

Conforme aprofundava meus estudos literários, certamente deparei-me diversas vezes com o nome de Henrik Ibsen, mas ao ler a monumental História da Literatura Ocidental de Otto Maria Carpeaux fui provocado por um trecho em que ele escreve: *"não há nada, nem mesmo em Sófocles ou Shakespeare, que supere a infalível composição dramatúrgica de Kongs-Emnerne e Espectros"*. Ora, uma provocação tão contundente vinda de um erudito do calibre de Carpeaux não poderia ser leviana ou mesmo exagerada. Pesquisei sobre ambas, e verifiquei que Pretendentes ao Trono (Ou *Kongs–Emnerne* no original) - assim como muitas outras obras relevantes – não estava disponível em português. Procurei a peça em inglês e encontrei uma tradução feita por William Archer. Tentei ler, mas posterguei, deixando a leitura e eventual tradução de lado por anos.

Hoje, porém, vivemos em uma era de grandes avanços tecnológicos, e a revolução da inteligência artificial tem transformado nossas possibilidades de acesso ao conhecimento. Entusiasta dessa revolução, explorei o uso de IA para traduzir textos aos quais nunca havida tido acesso em seu idioma original. No entanto, a tradução de um clássico não é tarefa simples; traduzir do inglês é como obter uma "cópia da cópia". Decidi, então, aceitar o desafio e, traduzi linha por linha do original norueguês comparando com a tradução de Archer, numa busca para preservar o espírito da obra e ao mesmo tempo ter uma referência confiável e espero que este trabalho esteja à altura da obra. A princípio, essa tradução foi um projeto pessoal, mas logo pensei: "por que não compartilhá-la?" E aqui está, para todos que têm interesse na genialidade de Henrik Ibsen.

Pretendentes ao Trono é uma peça singular na carreira de Ibsen, uma obra que explora com maestria a luta pelo poder e a busca por identidade em uma Noruega medieval dividida. A complexidade psicológica dos personagens e a precisão estrutural de Ibsen tornam esta peça uma joia rara e uma reflexão poderosa sobre lealdade, ambição e auto-conhecimento. Com esta tradução, espero abrir portas para que mais leitores no Brasil descubram a força e o talento de Ibsen em sua forma mais pura. Que esta edição permita ao leitor mergulhar em um dos grandes momentos do teatro e vivenciar, junto com os personagens, os conflitos e as tragédias que iluminam as sombras da nossa alma e nosso senso de humanidade.

Agradeço a Adrieene Nogarotto por todas as parcerias e pela primeira leitura.

FACÇÕES

Em Pretendentes ao Trono (*Kongs-Emnerne*) há várias facções políticas e grupos de poder mencionados ao longo da peça, cada um com seus próprios interesses e alianças. Aqui estão algumas das principais facções mencionadas no texto original em norueguês:

Birkebeinerne (Birkebeiners):

Um dos grupos mais proeminentes da peça. Os *Birkebeiners* o eram uma facção rebelde que apoiava Haakon Haakonsson (*Håkon Håkonsson*). Eles eram chamados de *Birkebeinerne* (literalmente "pernas de bétula") porque, nos primeiros dias da rebelião, alguns de seus membros usavam tiras de casca de bétula como calças, por falta de roupas adequadas. Em inglês a tradução utilizada foi *Birchlegs*.

Baglerne (Baglers):

Facção rival dos *Birkebeiners*, formada durante a guerra civil norueguesa, com o apoio da Igreja Católica. O nome *Bagler* deriva do latim *baculus*, que significa báculo, referindo-se à sua conexão com o clero. Uma tradução possível seria "Os Bastões" ou "Os Cajados", simbolizando a autoridade e o poder eclesiástico.

Vargbælgerne (Vargbelgs):

Um grupo mencionado na peça que também fazia parte dos conflitos civis na Noruega. Seu nome pode ser traduzido como "Peles de Lobo", simbolizando talvez uma natureza mais feroz ou marginalizada.

Slittungerne (Slittungs):

Facção menor que participou das guerras civis norueguesas. Eles surgiram em oposição a outros grupos maiores, mas não tiveram o mesmo impacto que os *Birkebeiners* ou *Baglers*. Pode ser traduzido por "Os rasgados", ou "Os Dilacerados".

Ribbungerne (*Ribbungs*):

Apoiavam diferentes pretendentes ao trono, dependendo de suas alianças e interesses. O termo *Ribbungerne* deriva da palavra norueguesa antiga *ribbung*, que pode ser traduzida como "rebento" ou "descendente". Isso sugere uma metáfora de ramificação de um tronco comum, representando uma linhagem que se expande. Uma possível tradução seria "Os Rebentos" ou "Os Ramificados".

Essas facções representam as forças políticas que competiam pelo poder na Noruega medieval, com diferentes alianças, incluindo o apoio da Igreja, nobreza e outros líderes regionais. Cada uma tinha suas próprias reivindicações e pretendentes ao trono, refletindo o período turbulento que a peça retrata.

PERSONAGENS

Personagens

— HAAKON HAAKONSSON, o rei eleito pelos *Birkebeiners*.

— INGA DE VARTEIG, sua mãe.

— CONDE SKULE, meio irmão de Inge Bardsson, figura central nas disputas ao trono norueguês.

— LADY RAGNHILD, esposa do Conde Skule.

— SIGRID, irmã do Conde Skule.

— MARGRETE, sua filha.

— GOTHORM INGESSON, pretendente ao trono. Ele era filho de Inge Bardsson,

— SIGURD RIBBUNG, um dos pretendentes ao trono, apoiado pelos *Ribbungs*

— BISPO NICOLAU ARNESSON, bispo de Oslo.

— DAGFINN, O CAMPONÊS, marechal de Haakon.

— IVAR BODDE, sacerdote da corte, conselheiro e aliado de Haakon[1].

— VEGARD VAERADAL, um dos guardas de Haakon.

— GREGÓRIUS JONSSON, um nobre.

— PAAL FLIDA, um nobre, senhor feudal.

— INGEBORG, esposa de Andres Skialdarband.

— PEDRO, filho de Ingborg, um jovem sacerdote.

— SIRA VILIAM, capelão do Bispo Nicolau.

— MESTRE SIGARD DE BRABANTE, um médico.

— JATGEIR SKALD, poeta islandês.

— BAARD BRATTE, um chefe do distrito de Nídaros (Trondheim).

Observação: A ação se passa na primeira metade do século XIII.

(Pronúncia de alguns dos nomes: Skule = Skiu-lá; Margrete = Mar-gi-re-tá; Guthorm = Iu-tórm; Sigurd Ribbung = Sí-gurd Rib-búng; Dagfinn = Dág-fin (a como em "á"); Ivar Bodde = I-vár Bo-dâ; Vegard Vaeradal = Vé-gard Vai-é-ra-dál; Jonsson = Ión-sôn; Paal Flida = Poul Flii-dá; Ingeborg = In-gi-bór; Jatgeir Skald= Yat—gái Skal; Baard Bratte = Bórd Brat-tá; Haakon = Rau-kún, Inga de Verteig = Ingá de Var-táig; Sira de Viljam = Sirá de Vi-li-jan; Ribbungerne = Rí-bun-gírn; Birkebeiners = birker-bái-ners,

---

[1] O termo hirdPrest designa um sacerdote da corte, ou seja, um clérigo que serve diretamente ao rei ou a um nobre em funções religiosas e administrativas. Na tradução de William Archer para o inglês, Ivar Bodde não é identificado explicitamente como sacerdote, ao contrário do texto original em norueguês, onde ele é claramente descrito como "as hirdPrest, sublinhando sua função religiosa e seu papel na corte.

PRIMEIRO ATO

O CEMITÉRIO DA IGREJA DE CRISTO, BERGEN.

Ao fundo, ergue-se a igreja, cujo portal principal está de frente para os espectadores. À frente, à esquerda, está HAAKON HAAKONSSON, com DAGFINN, VEGARD VAERADAL, IVAR BODDE, e vários outros nobres e chefes. Em frente a eles estão o CONDE SKULE, - GREGÓRIUS JONSSON, PAAL FLIDA, e outros homens do conde. Mais ao fundo, no mesmo lado, vê-se SIGURD RIBBUNG e seus seguidores, e um pouco distante dele, GUTHORM INGESSON, com vários chefes. Soldados alinham-se nas aproximações da igreja; o povo comum preenche o cemitério; muitos estão empoleirados nas árvores e sentados nas paredes; todos parecem aguardar, em suspense, o acontecimento de algum evento. Sinos tocam em todas as torres de igrejas, próximas e distantes.

CONDE SKULE (baixinho e impacientemente para GREGÓRIUS JONSSON)

— Por que demoram tanto lá dentro?

GREGÓRIUS JONSSON

— Silêncio! Agora começa o salmo.

De dentro das portas fechadas da igreja, ao som de trombetas, ouve-se um CORO DE MONGES E FREIRAS cantando *Domine Coeli*. Enquanto o canto continua, a porta da igreja é aberta por dentro; no vestíbulo, vê-se o BISPO NICOLAU, rodeado por PADRES e MONGES.

BISPO NICOLAU (avança até a entrada e proclama, com o báculo levantado)

— Inga de Varteig está submetendo-se à prova em nome de Haakon, o Pretendente![2]

A porta da igreja se fecha novamente; o canto dentro da igreja continua.

GREGÓRIUS JONSSON (em voz baixa, para o CONDE)

— Invoque o Santo Rei Olaf para proteger o direito.

CONDE SKULE (apressasse, com um gesto de recusa)

— Não agora. Melhor não lembrá-lo de mim.

IVAR BODDE (segurando HAAKON pelo braço)

— Ore ao Senhor, seu Deus, Haakon Haakonsson.

HAAKON

— Não é necessário; estou certo de que Ele está comigo.

O canto na igreja se intensifica; todos descobrem a cabeça; muitos se ajoelham e oram.

GREGÓRIUS JONSSON (para o CONDE)

— Uma hora solene para você e para muitos!

CONDE SKULE (olhando ansioso para a igreja)

— Uma hora solene para a Noruega.

PAAL FLIDA (próximo ao CONDE SKULE)

— Agora o ferro em brasa está em suas mãos.

DAGFINN (ao lado de HAAKON)

— Eles estão vindo pela nave.

IVAR BODDE

---

[2] Uma forma de julgamento usada em períodos medievais, onde a inocência ou culpa de uma pessoa era determinada por uma prova física, muitas vezes perigosa. No caso de Inga, a "prova" provavelmente envolve o uso de ferro em brasa, onde ela deve carregá-lo sem se ferir para provar a legitimidade de Haakon como herdeiro ao trono.

— Cristo proteja suas mãos frágeis, Inga, mãe do rei!

HAAKON

— Toda a minha vida será uma recompensa por esta hora.

O CONDE SKULE, que ouvia ansiosamente, de repente se sobressalta.

CONDE SKULE

— Ela gritou? Deixou o ferro cair?

PAAL FLIDA (avançando)

— Não sei o que foi.

GREGÓRIUS JONSSON

— As mulheres estão chorando alto no corredor externo.

O CORO NA IGREJA explode em júbilo

— *Gloria in excelsis Deo*!

As portas se abrem. INGA sai, seguida por freiras, padres e monges.

INGA (nos degraus da igreja)

— Deus deu o julgamento! Vejam estas mãos; com elas eu segurei o ferro!

VOZES ENTRE A MULTIDÃO

— Elas estão suaves e brancas como antes!

OUTRAS VOZES

— Ainda mais belas!

A MULTIDÃO INTEIRA

— Ele é filho de Haakon! Ele é neto de Sverre![3]

---

[3] Sverre Sigurdsson (c. 1145–1202) foi um dos mais célebres e controversos reis da Noruega durante o período das Guerras Civis. Iniciou sua vida como clérigo nas Ilhas Faroe, até que sua mãe revelou sua suposta linhagem real. Assumiu o comando dos *Birkebeiners*, uma

HAAKON (abraça-a)

— Obrigado, obrigado, bendita entre as mulheres!

BISPO NICOLAU (passando, para o CONDE)

— Erramos ao aceitar a prova.

CONDE SKULE

— Não, meu senhor bispo, não poderíamos deixar de orar para que a voz de Deus decidisse esta questão.

HAAKON (emocionado, segurando INGA pela mão)

— Está feito, então, aquilo que cada fibra do meu ser rejeitava, aquilo que fez meu coração se encolher e contorcer dentro de mim.

DAGFINN (virando-se para a multidão)

— Sim, olhem para esta mulher e reflitam, todos vocês que estão aqui reunidos! Quem algum dia duvidou de sua palavra, até que algumas pessoas exigiram que fosse questionada?

PAAL FLIDA

— A dúvida sussurrou em todos os cantos desde o momento em que Haakon, o Pretendente, foi levado, ainda uma criança, ao salão do Rei Inge.

GREGÓRIUS JONSSON

— E no último inverno, ela cresceu e soou como um rugido, ecoando por toda a terra, tanto ao norte quanto ao sul; creio que todos podem testemunhar isso.

HAAKON

— Eu mesmo posso testemunhar. Foi por isso que me submeti ao conselho de muitos amigos fiéis e me humilhei como nenhum outro rei escolhido fez em muito tempo. Provei minha origem pelo ordálio, provei meu direito, como filho de Haakon Sverresson, de suceder ao trono da Noruega. Não questionarei agora quem fomentou a dúvida e fez com que, como disse o parente do conde, ela crescesse como um rugido; mas sei que sofri amargamente com isso. Fui escolhido rei desde a infância, mas pouca honra real me foi dada, mesmo onde parecia que eu poderia contar com ela com mais segurança. Apenas quero lembrar a todos do último Domingo de Ramos em Nídaros, quando fui

---

facção rebelde que ele liderou com sucesso até conquistar o trono norueguês em 1177. Sverre é conhecido por sua capacidade estratégica e pela centralização do poder real, além de seu conflito com a Igreja, que resultou em sua excomunhão.

até o altar para fazer minha oferta, e o arcebispo se afastou, fingindo não me ver, para evitar me cumprimentar como os reis costumam ser saudados. Mesmo esses desprezos eu poderia suportar, se não fosse pela iminência de uma guerra aberta no país, algo que eu preciso evitar.

DAGFINN

— Pode ser sensato para os reis ouvirem conselhos de prudência; mas se meu conselho tivesse sido ouvido neste caso, não seria com ferro quente, mas com aço frio que Haakon Haakonsson teria pedido julgamento entre ele e seus inimigos.

HAAKON

— Controle-se, Dagfinn; pense no que convém ao homem que deve estar à frente do estado!

CONDE SKULE (com um leve sorriso)

— É fácil chamar de inimigo do rei todo aquele que não concorda com a sua vontade. Creio que o pior inimigo do rei é aquele que o dissuadiria de garantir seu direito à realeza.

HAAKON

— Quem sabe? Se apenas meu direito estivesse em questão, talvez eu não tivesse pago tão caro para prová-lo; mas há coisas maiores em jogo: minha vocação e meu dever. Sinto profundamente dentro de mim e não hesito em dizer que sou o único capaz de guiar o país da melhor maneira nestes tempos; o nascimento real gera dever real.

CONDE SKULE

— Há outros aqui que testemunham de forma igualmente justa sobre si mesmos.

SIGURD RIBBUNG

— E eu sou um deles, com fundamentos tão bons quanto. Meu avô foi o Rei Magnus Erlingsson.[4]

HAAKON

— Sim, se seu pai, Erling Steinvaeg, era realmente filho do Rei Magnus; mas a maioria das pessoas nega isso, e a questão ainda não foi submetida ao ordálio.

---

[4] Magnus Erlingsson (1156–1184) foi o primeiro Rei da Noruega a ser coroado com a bênção da Igreja, marcando uma aliança significativa entre o poder monárquico e a autoridade eclesiástica. Filho de Erling Skakke, um nobre influente, Magnus foi coroado ainda jovem, em 1163, sob a proteção de seu pai e do arcebispo de Nídaros, o que estabeleceu uma nova tradição na monarquia norueguesa. Sua ascensão ao trono gerou controvérsia, pois ele não descendia diretamente da linhagem real, desafiando a tradição de que o título de rei seria herdado por descendência legítima. Magnus Erlingsson foi uma figura central durante as Guerras Civis Norueguesas, período conturbado em que várias facções disputavam o trono. Sua tentativa de fortalecer a coroa por meio da aliança com a Igreja estabeleceu precedentes que influenciariam futuros conflitos pelo poder. Magnus morreu na Batalha de Fimreite, em 1184, derrotado por Sverre Sigurdsson, outro importante pretendente ao trono.

SIGURD RIBBUNG

— Os *Ribbungs* me aceitaram como rei de livre e espontânea vontade, enquanto Dagfinn, o Camponês, e outros *Birkebeiners* precisaram usar ameaças para garantir a você o título real.

HAAKON

— Sim, tal foi o mal que você fez à Noruega que o clã de Sverre teve que reivindicar seu direito com ameaças.

GUTHORM INGESSON

— Eu sou tanto do clã de Sverre quanto você.

DAGFINN

— Mas não pela linha direta masculina.

BISPO NICOLAU

— Você está do lado feminino, Guthorm.

GUTHORM INGESSON

— No entanto, sei que meu pai, Inge Bardsson, foi escolhido rei legítimo da Noruega.

HAAKON

— Porque ninguém sabia que o neto de Sverre estava vivo. Porque ninguém sabia que o neto de Sverre estava vivo. A partir do momento em que isso foi revelado, ele manteve o reino em confiança por mim, e não de outra forma.

CONDE SKULE

— Isso não pode ser dito com precisão; Inge foi rei durante toda sua vida, com todos os poderes legais e sem reservas. Pode ser verdade que Guthorm tenha poucas reivindicações, pois não era legítimo, mas eu sou o irmão legítimo de Inge, e a lei está do meu lado se eu reivindicar e tomar toda sua herança.

DAGFINN

— Ah, senhor conde, de fato, você conseguiu herdar não apenas as posses familiares de seu pai, mas toda a riqueza que Haakon Sverresson deixou para trás.

BISPO NICOLAU

— Nem tudo, bom Dagfinn. Respeite a verdade; o Rei Haakon manteve um broche e o anel de ouro que usa em seus dedos.

HAAKON

— Seja como for; com a ajuda de Deus, conquistarei minha riqueza novamente. E agora, barões e *thanes*,[5] clérigos e chefes, homens de armas, é hora de formarmos a *folkmote*,[6] como foi acordado. Estive com as mãos atadas até este dia; não creio que alguém me culpe por desejar vê-las livres.

CONDE SKULE

— Muitos estão na mesma situação, Haakon Haakonsson

HAAKON (alerta)

— O que quer dizer, senhor conde?

CONDE SKULE

— Quero dizer que todos nós, pretendentes, temos o mesmo motivo para desejar isso. Fomos igualmente restringidos, pois nenhum de nós sabia até onde nossos direitos se estendiam.

BISPO NICOLAU

— A Igreja esteve tão instável quanto o reino; mas agora devemos seguir a lei do Santo Rei Olaf.

DAGFINN (quase em voz baixa)

— Novas estratégias!

Os homens de HAAKON se aproximam mais.

HAAKON (com calma forçada, avança alguns passos em direção ao CONDE)
— Espero não ter compreendido mal o seu significado. O ordálio confirmou meu direito hereditário ao reino e, portante, como julgo, a folkmote não tem outro função senão ratificar minha eleição, que ocorreu no Orething[7] há seis anos.

VÁRIOS DOS HOMENS DO CONDE E DE SIGURD

---

[5] *Thanes*: Na Inglaterra anglo-saxônica e em alguns outros contextos nórdicos, os thanes eram nobres ou oficiais de alta posição, geralmente ligados diretamente ao serviço de um rei ou senhor feudal. Eles possuíam terras e exerciam autoridade em uma região, prestando lealdade e serviços militares a seu governante. Os *thanes* eram semelhantes aos barões em outras partes da Europa medieval.

[6] Um *folkmote* era Assembleia geral de todo o povo para discutir questões comuns.

[7] Um *thing* (ou *ting*) era uma assembleia popular comum em várias culturas e regiões nórdicas e germânicas. O *Ørething* era uma dessas assembleias específicas, realizada às margens (*øre*) do rio Nidelva, em Nídaros (atual Trondheim), desempenhando um papel central na eleição de reis e nas decisões jurídicas do reino, uma vez que Nídaros era o principal centro político e religioso da Noruega medieval.

— Não, não! Negamos isso!

CONDE SKULE

— Não foi para isso que concordamos em realizar a *folkmote* aqui. O ordálio não lhe deu o reino; apenas confirmou seu direito de se apresentar hoje, junto conosco, outros Pretendentes, para reivindicar o direito que acredita ser seu.

HAAKON (esforçando-se para manter a calma)

— Isso significa, em resumo, que por seis anos carreguei ilegalmente o título de rei, e por seis anos, senhor conde, você governou ilegalmente o reino como regente para mim.

CONDE SKULE

— De maneira alguma. Alguém precisava carregar o título de rei, desde que meu irmão estava morto. Os *Birkebeiners*, e mais do que todos, Dagfinn, foram ativos em sua causa e apressaram sua eleição antes que nós, outros, pudéssemos apresentar nossas reivindicações.

BISPO NICOLAU (para HAAKON)

— O conde quer dizer que essa eleição lhe deu apenas o usufruto do poder real, não sua legítima posse.

CONDE SKULE

— Você usufruiu de todos os privilégios; mas Sigurd Ribbung e Guthorm Ingesson, assim como eu, nos consideramos herdeiros tão próximos quanto você. Agora, a lei deve decidir entre nós e determinar quem será o herdeiro por todo o tempo.

BISPO NICOLAU

— Na verdade, o raciocínio do conde é sólido.

CONDE SKULE

— Tanto o ordálio quanto a *folkmote* já foram discutidos várias vezes ao longo desses anos, mas sempre houve dúvidas. E, senhor HAAKON, se você acreditava que seu direito estava inabalavelmente estabelecido pela primeira eleição, por que aceitou o ordálio?

BISPO NICOLAU

— Na verdade, o raciocínio do conde é sólido.

CONDE SKULE

— Tanto o ordálio quanto a folkmote já foram discutidos várias vezes ao longo desses anos, mas sempre houve dúvidas. E, senhor HAAKON, se você acreditava que seu direito estava inabalavelmente estabelecido pela primeira eleição, por que aceitou o ordálio?

DAGFINN (com amargura)

— Para as espadas, homens do rei, que elas decidam!

MUITOS DOS HOMENS DO REI (avançam)

— Morte aos inimigos do rei!

CONDE SKULE (gritando para seus homens)

— Não matem ninguém! Não firam! Apenas afastem-nos.

HAAKON (contendo seus homens)

— Guardem suas espadas, todos que as desembainharam! Guardem suas espadas, eu ordeno! (Calmo.) — Agindo assim, vocês tornam as coisas dez vezes piores para mim.

CONDE SKULE

— Assim é onde quer que homens se encontrem em todo o país. Agora você vê, Haakon Haakonsson; isso não lhe mostra o que deve fazer se se importa com a paz do país e com a vida dos homens?

HAAKON (após alguma reflexão)

— Sim, eu vejo.

HAAKON (pega a mão de INGA e se volta para um dos presentes)

— Torkell, você foi um guerreiro leal na guarda de meu pai; leve esta mulher para sua própria casa e providencie que ela seja bem cuidada; ela foi muito querida para Haakon Sverresson. Deus te abençoe, minha mãe, agora devo me preparar para a *folkmote*.

INGA aperta sua mão e vai com TORKELL.

HAAKON (fica em silêncio por um momento, depois avança e diz com ênfase)

— A lei deve decidir, e apenas ela. Vocês, *Birkebeiners*, que, no *Orething*, me tomaram como seu rei, estão livres do juramento que me fizeram. Você, Dagfinn, não é mais meu marechal; não me apresentarei com marechal ou guarda,[8] com vassalos ou servos. Sou um homem pobre; toda a minha herança é um broche e este anel de ouro; esses são poucos bens para recompensar o serviço de tantos homens bons. Agora, vocês, outros pretendentes, estamos em pé de igualdade; não terei vantagem sobre vocês, exceto o direito que me foi concedido por cima, o qual não posso nem quero compartilhar com ninguém. Que a chamada da assembleia seja soada, e então que Deus e a lei do Santo Rei Olaf decidam.

Sai com seus homens pela esquerda; soam trombetas e cornetas ao longe. A multidão prepara-se para sair.

GREGÓRIUS JONSSON (para o CONDE)

— Achei que você parecia temeroso durante o ordálio, e agora parece tão feliz e esperançoso.

CONDE SKULE (com expressão de contentamento)

— Notou que ele tinha os olhos de Sverre enquanto falava? Seja ele ou eu o escolhido, a escolha será boa.

GREGÓRIUS JONSSON (inquieto)

— Mas não se deixe ceder. Pense em todos que estão com você.

CONDE SKULE

— Agora estou com a justiça; não temo mais invocar o Santo Rei Olaf.

Sai pela esquerda com seus seguidores.

BISPO NICOLAU (apressando-se atrás de DAGFINN)

— Vai dar certo, bom Dagfinn, vai dar certo; mas mantenha o conde longe do rei quando ele for escolhido; veja que eles fiquem bem afastados!

Todos saem pela esquerda, atrás da igreja.

---

[8] A palavra original utilizada é *hird* e é muito difícil de traduzir. Ela significava algo entre corte, casa e guarda. Nunca a traduzi como corte, pois essa palavra parecia transmitir uma ideia de civilização pacífica, estranha àquele período e país; mas utilizei guarda ou casa conforme o contexto exigia. O termo *Hirdmattd* eu geralmente traduzi como homem de armas. *Lendermand* eu representei por barão, *lagmand* e *sysselmand"* por *thane*, e *stallare* por marechal – todas aproximações grosseiras. (Nota do tradutor para o inglês: William Archer)

UMA SALA DO PALÁCIO REAL. À esquerda, em primeiro plano, uma janela baixa; à direita, a porta de entrada; no fundo, uma porta maior que leva ao Salão do rei. Perto da janela, uma mesa; cadeiras e bancos estão dispostos ao redor.

LADY RAGNHILD e MARGRETE entram pela porta menor; SIGRID segue logo atrás.

LADY RAGNHILD

— Aqui?

MARGRETE

— Sim, aqui é o lugar mais escuro.

LADY RAGNHILD (vai até a janela)

— E daqui podemos ver o campo de reunião.

MARGRETE (olha cautelosamente para fora)

— Sim, lá estão todos reunidos atrás da igreja. (Vira-se, em lágrimas.) — Lá ocorrerá o que trará tantas consequências.

LADY RAGNHILD

— Quem será o senhor desta sala amanhã?

MARGRETE

— Oh, silêncio! Nunca pensei ver um dia tão pesado.

LADY RAGNHILD

— Tinha que ser assim; a regência não era tarefa completa para ele.

MARGRETE

— Sim, tinha que ser; ele nunca se contentaria apenas com o título de rei.

LADY RAGNHILD

— De quem você fala?

MARGRETE

— De Haakon.

LADY RAGNHILD

— Eu estava falando do conde.

MARGRETE

— Não há homens mais nobres do que esses dois.

LADY RAGNHILD

— Você vê Sigurd Ribbung? Com que olhar maligno ele se senta ali, como um lobo acorrentado.

MARGRETE

— Sim, veja! Ele dobra as mãos sobre o punho da espada e apoia o queixo sobre elas.

LADY RAGNHILD

— Ele mexe na barba e ri.

MARGRETE

— É um riso maligno.

LADY RAGNHILD

— Ele sabe que ninguém o apoiará; é isso que o deixa irado. Quem é aquele chefe que fala agora?

MARGRETE

— Aquele é Gunnar Grionbak.

LADY RAGNHILD

— Ele está do lado do conde?

MARGRETE

— Não, ele está do lado do rei.

LADY RAGNHILD (olha para ela)

— De quem você disse?

MARGRETE

— De Haakon Haakonsson.

LADY RAGNHILD (olha para fora; após uma breve pausa)

— Onde está Guthorm Ingesson? Não o vejo.

MARGRETE

— Atrás de seus homens, o mais abaixo de todos, em um longo manto.

LADY RAGNHILD

— Ah, ali.

MARGRETE

— Ele parece estar envergonhado.

LADY RAGNHILD

— Isso é por causa de sua mãe.

MARGRETE

— HAAKON não era assim.

LADY RAGNHILD

— Quem fala agora?

MARGRETE (olha para fora)

— Tord Skolle, o chefe de Ranafylke.[9]

LADY RAGNHILD

— Ele está do lado do conde?

MARGRETE

— Não, ele está com Haakon

LADY RAGNHILD

— Como o conde se mantém imóvel, escutando!

MARGRETE

— Haakon parece pensativo, mas, ainda assim, forte (Com animação.) — Se um estranho estivesse aqui, ele poderia identificar esses dois entre milhares.

LADY RAGNHILD

— Veja, Margrete! Dagfinn, o puxa uma cadeira dourada para Haakon

MARGRETE

— PAAL FLIDA coloca outra atrás do conde

LADY RAGNHILD

— Os homens de Haakon tentam impedir!

MARGRETE

— O conde segura a cadeira com firmeza!

LADY RAGNHILD

— Haakon fala com raiva para ele. (Ela Recua, grita, da janela.) — Oh, Cristo! Você viu os olhos e o sorriso dele! Não, aquele não era o conde!

MARGRETE (que a seguiu em terror)

— Nem Haakon! Nenhum dos dois!

SIGRID (na janela)

— Oh, que pena! Oh, que pena!

MARGRETE

—Sigrid!

LADY RAGNHILD

—Você aqui!

SIGRID

— O caminho que leva ao trono é tão baixo!

MARGRETE

— Oh, reze conosco para que tudo se encaminhe da melhor forma

LADY RAGNHILD (pálida e horrorizada, para SIGRID)

— Você o viu? Você viu meu marido? Seus olhos e seu sorriso, eu não o reconheceria!

SIGRID

— Ele parecia Sigurd Ribbung?

LADY RAGNHILD (baixinho)

— Sim, ele parecia Sigurd Ribbung.

SIGRID

— Ele riu como Sigurd?

LADY RAGNHILD

—Sim, sim!

SIGRID

— Então devemos todas rezar

LADY RAGNHILD (com força desesperada)

— O conde deve ser escolhido rei! Isso destruirá sua alma se ele não se tornar o primeiro homem do reino!

SIGRID (mais alto)

— Então devemos todos rezar!

LADY RAGNHILD

— Silêncio! O que é isso? (Na janela.) - Que gritos! Todos os homens se levantaram; todas as bandeiras e estandartes balançam ao vento.

SIGRID (agarra seu braço)

— Reze, mulher! Reze por seu marido!

LADY RAGNHILD

—Sim, Santo Rei Olaf, dê a ele todo o poder deste reino!

SIGRID (selvagem)

— Nenhum, nenhum! Caso contrário, ele estará perdido!

LADY RAGNHILD

— Ele precisa do poder. Todo o bem que há nele crescerá e florescerá se ele o tiver. Olhe, Margrete! Ouça! (Dá um passo para trás.) — Todas as mãos estão erguidas para um juramento!

MARGRETE escuta na janela

LADY RAGNHILD

— Deus e o Santo Rei Olaf, quem vencerá?

SIGRID

—Reze!

MARGRETE escuta e, com a mão erguida, pede silêncio.

LADY RAGNHILD (depois de um tempo)

— Fale!

Uma forte explosão de trombetas e cornetas é ouvida ao longe.

LADY RAGNHILD

— Deus e Santo Rei Olaf! Quem venceu?

Uma breve pausa.

MARGRETE (vira a cabeça e diz)

— É Haakon Haakonsson que escolheram como rei.

A música da procissão real é ouvida, primeiro ao longe e depois cada vez mais perto. LADY RAGNHILD agarra-se chorando a SIGRID, que a conduz com calma para fora pela direita; MARGRETE permanece imóvel, encostada à moldura da janela. Os atendentes do rei abrem as grandes portas, revelam o interior do salão, que gradualmente se enche com a procissão vinda do campo de reunião.

HAAKON (na porta, vira-se para IVAR BODDE)

— Tragam-me uma pena, cera e seda. Tenho pergaminho aqui. (Avança, exultante, até a mesa e coloca alguns rolos de pergaminho sobre ela.) — Margrete, agora sou rei!

MARGRETE

—Salve, meu senhor e rei!

HAAKON

— Agradeço! (Olha para ela e pega em suas mãos.) — Perdoe-me; esqueci que isso deve tê-la magoado.

MARGRETE (retira a mão)

— Não me feriu; com certeza, você nasceu para ser rei.

HAAKON (com animação)

— Sim, todos devem reconhecer, lembrando-se de como Deus e os santos me protegeram de todo mal. Eu tinha apenas um ano quando os *Birkerbainers* me carregaram pelas montanhas, através da neve e da tempestade, e pelo meio daqueles que buscavam minha vida. Em Nídaros, escapei ileso dos *Baglers* quando eles queimaram a cidade com grande matança, enquanto o próprio Rei Inge mal conseguiu salvar sua vida ao subir a bordo de um navio, escalando o cabo da âncora.

MARGRETE

— Sua juventude foi difícil

HAAKON (olhando para ela)

— Penso que você poderia tê-la tornado mais fácil.

MARGRETE

— Eu?

HAAKON

— Você poderia ter sido uma boa irmã adotiva para mim, durante todos os anos em que crescemos juntos

MARGRETE

— Mas foi de outra forma

HAAKON

— Sim, foi de outra forma; nos olhávamos, eu do meu canto e você do seu, mas raramente falávamos. (Impaciente.) — O que está demorando? (Entra IVAR BODDE com os materiais de escrita.) — Está aí? Dê-me as coisas!

HAAKON senta-se à mesa e escreve. Pouco depois, entram CONDE SKULE, DAGFINN, BISPO NICOLAU e VEGARD VAERADAL.

HAAKON (olha para cima e coloca a pena de lado)

— Sabe o que estou escrevendo aqui, conde? (O CONDE SKULE se aproxima.) — Esta é para minha mãe; agradeço a ela por todo o seu amor, e a beijo mil vezes aqui, na carta, entenda. Ela será enviada para o leste, para Borgasyssel, onde viverá com todas as honras de rainha.

CONDE SKULE

—Você não a manterá no palácio?

HAAKON

— Ela me é preciosa demais, conde; um rei não pode ter ao seu redor ninguém que ame em excesso. Um rei deve agir com mãos livres; deve ficar sozinho; não pode ser guiado nem seduzido. Há tanto a ser corrigido na Noruega.

Continua escrevendo.

VEGARD VAERADAL (baixinho para BISPO NICOLAU)

— É por meu conselho que ele age assim com Inga, sua mãe.

BISPO NICOLAU

— Reconheci sua mão nisso de imediato.

VEGARD VAERADAL

— Mas agora um bom ato merece outro.

BISPO NICOLAU

— Aguarde, pois cumprirei o que prometi.

HAAKON (entrega o pergaminho para IVAR BODDE)

— Dobre-o e leve-o você mesmo, com muitas saudações amorosas.

IVAR BODDE (olhando o pergaminho)

— Meu senhor, não quer esperar mais um dia?

HAAKON

— O vento está favorável para a rota ao sul.

DAGFINN (devagar)

— Lembre-se, meu senhor rei, que ela passou a noite ajoelhada nos degraus do altar, em oração e jejum.

IVAR BODDE

— E ela pode estar cansada após o ordálio.

HAAKON

— Verdade, verdade; minha boa e amável mãe! (Reflete por um momento.) — Bem, se ela estiver muito cansada, que espere até amanhã.

IVAR BODDE

— Será como deseja. (Apresenta outro pergaminho.) — Mas este outro, meu senhor.

HAAKON

— Este outro? Ivar Bodde, não posso.

DAGFINN (apontando para a carta destinada a Inga)

— Mas você pôde fazer aquilo…

IVAR BODDE

— Deve haver um fim para o pecado.

BISPO NICOLAU (que se aproximou nesse meio-tempo)

— Agora é a hora de amarrar as mãos do conde, Rei Haakon.

HAAKON

— Acha isso necessário?

BISPO NICOLAU

— Não se pode comprar a paz no reino por um preço mais baixo.

HAAKON

— Então devo fazê-lo. Dê-me a pena! (Escreve.)

CONDE SKULE (para o BISPO, que cruza para a direita)

— Parece que você tem a atenção do rei.

BISPO NICOLAU

— Para o seu benefício.

CONDE SKULE

— Diz isso?

BISPO NICOLAU

— Antes do anoitecer, você me agradecerá. (Ele se afasta.)

HAAKON (entrega o pergaminho para o CONDE)

— Leia isso, conde.

CONDE SKULE (lê, olha surpreso para o Rei Haakon e diz em voz baixa)

— Você rompe com Kanga,[10] a Jovem?

HAAKON

— Com Kanga, que eu amei mais do que tudo no mundo. A partir deste dia, ela nunca mais deve cruzar o caminho do rei.

CONDE SKULE

— Com isso, você se mostra grande, Haakon. Sei bem por mim mesmo o quanto isso deve lhe custar.

HAAKON

— Quem for precioso demais para o rei deve partir. Sele a carta.

Entrega-a a IVAR BODDE.

BISPO NICOLAU (inclinando-se sobre a cadeira)

— Você deu um grande passo em direção à amizade do conde, meu senhor rei.

---

[10] Kanga é alguém com quem Haakon teve uma relação muito significativa, possivelmente amorosa, já que ele admite tê-la amado "mais do que tudo no mundo". No entanto, como parte de sua ascensão ao trono e das exigências do poder, Haakon decide se afastar dela completamente, um sacrifício que Skule reconhece como grandioso. A peça não oferece mais detalhes sobre Kanga, deixando em aberto seu papel além de ser uma figura de grande afeição para o rei.

HAAKON (estende a mão para ele)

— Obrigado, Bispo Nicolau; você me aconselhou da melhor forma. Peça uma graça, e eu a concederei.

BISPO NICOLAU

— Concederá?

HAAKON

— Prometo pela minha fé como rei.

BISPO NICOLAU

— Então faça de Vegard Vaeradal *thane*[11] de Halogaland.[12]

HAAKON

— Vegard? Ele é quase o amigo mais fiel que tenho; reluto em enviá-lo para tão longe de mim.

BISPO NICOLAU

— O amigo do rei deve ser regiamente recompensado. Amarre as mãos do conde, como lhe aconselhei, e você estará seguro para sempre.

HAAKON (pega uma folha de pergaminho)

— Vegard terá a posição de *thane* de Halogaland. (Escreve.) — Eu, por este meio, a concedo sob minha mão real.

O BISPO se retira.

CONDE SKULE (aproxima-se da mesa)

— O que escreves agora?

HAAKON (entrega-lhe a folha)

---

[11] Ver nota 5.

[12] Halogaland (ou Hålogaland, em norueguês moderno) é uma região histórica localizada no norte da Noruega. Essa área compreendia o que hoje são partes dos condados de Troms e Nordland, estendendo-se desde a região de Namdalen, no sul, até as áreas próximas ao moderno círculo polar ártico, no norte. Na época medieval, Halogaland era uma importante região, mencionada em várias sagas e textos históricos noruegueses. Era uma área relativamente isolada, com condições climáticas severas, mas foi significativa durante a Era Viking e na Idade Média como um território controlado por nobres locais, também conhecido por suas riquezas naturais, como pesca e comércio. No contexto de Os Pretendentes ao Trono, Halogaland pode ter importância como uma região sob controle político ou como parte das disputas de poder entre os personagens da peça.

— Leia!

CONDE SKULE (lê e olha firmemente para o rei)

— Vegard Vaeradal? Em Halogaland?

HAAKON

— A parte norte está vaga.

CONDE SKULE

— Considere que Andres Skialdarband[13] também tem um cargo no norte. Os dois são inimigos amargos; Andres Skialdarband é do meu séquito.

HAAKON (sorrindo e levantando-se)

— E Vegard Vaeradal do meu. Portanto, terão de fazer as pazes logo, quanto antes, melhor. Daqui em diante, não pode haver inimizade entre os homens do rei e os do conde.

BISPO NICOLAU

— Humm. Isso pode ir longe demais. (Aproxima-se, inquieto.)

CONDE SKULE

— Seus pensamentos são sábios e profundos, Haakon.

HAAKON (com fervor)

— Conde Skule, hoje tomei o reino de ti; deixe que tua filha o compartilhe comigo!

CONDE SKULE

— Minha filha!

MARGRETE

— Oh, Deus!

HAAKON

— Margrete, queres ser minha rainha?

---

[13] Pronouncia-se Shaldarband. (Nota do tradutor para o inglês: William Archer)

MARGRETE permanece em silêncio.

HAAKON (pega sua mão)

— Responda-me!

MARGRETE (suavemente)

— Eu aceito ser tua esposa com prazer.

CONDE SKULE (apertando a mão de HAAKON)

— Paz e amizade, do fundo do meu coração!

HAAKON

— Agradeço-te!

IVAR BODDE (para DAGFINN)

— Graças aos céus, aqui está a aurora.

DAGFINN

— Quase acredito nisso. Nunca antes vi tanto bem no conde.

BISPO NICOLAU (atrás dele)

— Sempre em guarda, bom Dagfinn, sempre em guarda.

IVAR BODDE (para VEGARD)

— Agora és *thane* de Halogaland; aqui está sob a mão do rei.

Entrega-lhe a carta.

VEGARD VAERADAL

— Agradecerei ao rei por seu favor em outra ocasião. (Prestes a sair.)

BISPO NICOLAU (o detém)

— Andres Skialdarband é um adversário feroz; não se deixe intimidar por ele.

VEGARD VAERADAL

— Ninguém intimidou Vegard Vaeradal até hoje. (Sai.)

BISPO NICOLAU (seguindo-o)

— Seja firme como rocha e aço para Andres Skialdarband, e leve minha bênção, se quiser.

IVAR BODDE (que esteve aguardando atrás do rei com os pergaminhos na mão)

— Aqui estão as cartas, meu senhor.

HAAKON

— Ótimo; entregue-as ao conde.

IVAR BODDE

— Ao conde? Não vais selá-las?

HAAKON

— O conde costuma fazer isso; ele mantém o selo.

IVAR BODDE (suavemente)

— Sim, até agora, enquanto era regente... mas agora!

HAAKON

— Agora, como antes, o conde mantém o selo. (Afasta-se.)

CONDE SKULE

— Dê-me as cartas, Ivar Bodde.

Dirige-se à mesa com elas, tira o Grande Selo que carrega sob o cinto e sela as cartas durante o seguinte diálogo.

BISPO NICOLAU (murmura)

— Haakon Haakonsson é rei, e o conde mantém o selo real; gosto disso... gosto disso...

HAAKON

— O que diz, meu senhor bispo?

BISPO NICOLAU

— Digo que Deus e o Santo Rei Olaf protejam sua Santa Igreja. (Entra no Salão do Rei.)

HAAKON (aproxima-se de MARGRETE)

— Uma rainha sábia pode fazer grandes coisas pelo reino; escolhi-te sem hesitação, pois sei que és sábia

MARGRETE

— Apenas isso?

HAAKON

— O que queres dizer?

MARGRETE

— Nada, meu senhor, nada.

HAAKON

— E não guardarás rancor se, por minha causa, tiveste de abandonar grandes esperanças?

MARGRETE

— Não abandonei grandes esperanças por tua causa

HAAKON

— E ficarás sempre ao meu lado, dando-me bons conselhos?

MARGRETE

— Eu desejo muito estar perto de ti.

HAAKON

— Agradeço por isso; os conselhos de uma mulher beneficia todo homem, e de agora em diante não terei outro além de ti... mas minha mãe, eu a enviei para longe.

MARGRETE

— Sim, ela era querida demais para ti

HAAKON

— E sou rei. Adeus, então, Margrete! Ainda és tão jovem; mas no próximo verão será nosso casamento, e a partir desse momento juro manter-te ao meu lado com toda a fé e honra.

MARGRETE (sorri triste)

— Sim, sei que demorará muito até que me mandes embora.

HAAKON (alegre)

— Mandar-te embora? Isso nunca farei!

MARGRETE (com lágrimas nos olhos)

— Não, Haakon faz isso apenas com aqueles que lhe são queridos demais.

Ela caminha em direção à porta de entrada. HAAKON a observa pensativo.

LADY RAGNHILD (vindo da direita)

— O rei e o conde por tanto tempo aqui dentro! Meus temores estão me matando; Margrete, o que o rei disse e fez?

MARGRETE

— Oh, muito, muito! Por último, ele escolheu um *thane* e uma rainha

LADY RAGNHILD

— Tu, Margrete!

MARGRETE (abraça sua mãe)

— Sim!

LADY RAGNHILD

—Vais ser rainha!

MARGRETE

— Apenas rainha; mas acho que estou feliz até mesmo por isso

Ela e sua mãe saem pela direita.

CONDE SKULE (para IVAR BODDE)

— Aqui estão as cartas; leve-as para a mãe do rei e para Kanga.

IVAR BODDE faz uma reverência, pega as cartas e sai.

DAGFINN (na entrada do salão)

— O arcebispo de Nídaros pede permissão para oferecer sua homenagem ao Rei Haakon Haakonsson.

HAAKON (respira fundo)

— Finalmente sou Rei da Noruega.

Haakon sai do salão.

CONDE SKULE (coloca o Grande Selo em seu cinto)

— Mas eu governo o reino.

AS CORTINAS CAEM.

SEGUNDO ATO

Uma grande janela em arco no centro da parede dos fundos, ao longo da qual há um estrado com assentos para as damas. Contra a parede à esquerda, está o trono, elevado alguns degraus acima do chão; no centro da parede oposta, está a grande porta de entrada. Bandeiras, estandartes, escudos e armas, com cortinas coloridas, pendem das vigas e das traves esculpidas. Ao redor do salão, estão mesas de bebida, com jarros, cornos e canecos.

O REI HAAKON está sentado no estrado, com MARGRETE, SIGRID, LADY RAGNHILD e muitas damas nobres. IVAR BODDE está de pé atrás da cadeira do rei. Ao redor das mesas de bebida, estão sentados os homens do rei e do conde, além de convidados. Na mesa mais à frente, à direita, estão sentados, entre outros, DAGFINN, O CAMPONÊS, GREGÓRIUS JONSSON e PAAL FLIDA. O CONDE SKULE e o BISPO NICOLAU estão jogando xadrez numa mesa à esquerda. Os criados do conde vão e vêm, carregando cântaros de bebida. De um cômodo adjacente, ouve-se música durante a cena que segue.

DAGFINN

— Já estamos no quinto dia, e os criados não diminuíram a agilidade em servir as jarras transbordantes.

PAAL FLIDA

— Nunca foi do costume do conde restringir seus convidados.

DAGFINN

— Sim, parece que não. Nunca houve um banquete de casamento tão real em toda a Noruega.

PAAL FLIDA

— O Conde Skule nunca havia dado uma filha em casamento.

DAGFINN

— Verdade, verdade; o conde é um homem poderoso.

UM CAVALHEIRO.

— Ele possui um terço do reino. Isso é mais do que qualquer outro conde já possuiu antes.

PAAL FLIDA

— Mas a parte do rei é maior.

DAGFINN

— Não falamos disso aqui; agora somos amigos, unidos. (Bebe em homenagem a PAAL.) — Que o rei seja rei e o conde seja conde.

PAAL FLIDA (rindo)

— É fácil perceber que você é leal ao rei.

DAGFINN

— E que os homens do conde também deveriam ser.

PAAL FLIDA

— Nunca! Nós juramos lealdade ao conde.

DAGFINN

— Ainda há tempo para que façam seu juramento!

BISPO NICOLAU (para o CONDE, enquanto joga)

— Ouve o que Dagfinn diz?

CONDE SKULE (sem levantar os olhos)

— Ouço.

GREGÓRIUS JONSSON (observa firme DAGFINN)

— O que o rei pensa disso?

DAGFINN

— Não, não; deixemos isso de lado; hoje, sem discussões.

BISPO NICOLAU

— O rei quer forçar seus homens a jurarem-lhe lealdade, conde.

GREGÓRIUS JONSSON (em voz alta)

— O rei pensa nisso, pergunto?

DAGFINN

— Não vou responder. Vamos beber pela paz e amizade entre o rei e o conde. A cerveja está boa.

PAAL FLIDA

— Teve tempo suficiente para amadurecer.

GREGÓRIUS JONSSON

— Três vezes o conde preparou o casamento; três vezes o rei prometeu vir; três vezes ele não veio!

DAGFINN

— Culpe o conde por isso: lidar com ele em Viken[14] foi desafiador.[15]

PAAL FLIDA

— Dizem que lidar Sigurd Ribbung em Vermeland[16] foi muito pior.

---

[14] Viken é uma região histórica no sudeste da Noruega, abrangendo áreas ao redor do Oslofjord, incluindo partes dos atuais condados de Oslo, Viken e Vestfold. Durante a era viking e medieval, Viken era de grande importância estratégica e econômica devido à sua localização costeira e proximidade com rotas comerciais marítimas. Embora as palavras *viking* e Viken compartilhem a mesma raiz (*vík*, que significa 'baía'), elas possuem significados distintos: *viking* refere-se à atividade marítima e ao estilo de vida dos navegadores nórdicos, enquanto 'Viken' designa uma região específica da Noruega.

[15] O que aconteceu com Skule em Viken e com Ribbung em Vermeland é descrito de forma vaga no texto. A escolha pela palavra 'desafio' na tradução baseou-se na expressão 'tage Vare' usada no norueguês original, que pode ser traduzida como 'lidar com', 'tomar cuidado' ou 'cuidar de'. Nesse contexto, optamos por 'desafio', pois a expressão implica responsabilidade ou algo que precisa ser resolvido, transmitindo a ideia de uma tarefa difícil ou um conflito que exigia atenção. Ou até mesmo, eventualmente, uma batalha.

[16] Vermland (Värmland, em sueco) é uma região histórica localizada na Suécia, próxima à fronteira com a Noruega. Durante o período medieval, foi palco de disputas territoriais entre os dois países. Na obra "Pretendentes ao Trono", ela é mencionada devido às tensões militares e políticas envolvendo figuras como Sigurd Ribbung.

DAGFINN (irritando-se)

— Sim, e quem foi que deixou Sigurd Ribbung escapar de suas mãos?

GREGÓRIUS JONSSON

— Sigurd Ribbung fugiu de nós em Nídaros, isso é bem conhecido.

DAGFINN

— Mas não é bem conhecido que vocês fizeram algo para impedi-lo.

BISPO NICOLAU (para o CONDE, que pondera sobre uma jogada)

— Ouves, conde? Foi você quem deixou Sigurd Ribbung escapar.

CONDE SKULE (faz uma jogada)

— Essa é uma história antiga.

GREGÓRIUS JONSSON

—Você não ouviu falar, então, do islandês Andres Torsteinsson, amigo de Sigurd Ribbung?

DAGFINN

— Sim, quando Sigurd escapou, vocês enforcaram o islandês, disso eu sei.

BISPO NICOLAU (faz uma jogada e diz, rindo, ao CONDE)

— Capturei o peão, senhor conde.

CONDE SKULE (em voz alta)

— Capture-o; um peão não vale muito.

DAGFINN

— Não; isso o islandês descobriu quando Sigurd Ribbung escapou para Vermeland.

Risos abafados entre os homens do rei; a conversa continua em tom baixo; logo um homem entra e sussurra algo a GREGÓRIUS JONSSON.

BISPO NICOLAU

— Então faço esta jogada e você perdeu!

CONDE SKULE

— Assim parece.

BISPO NICOLAU (reclinando-se em sua cadeira)

— Você não protegeu o rei bem na última jogada.

CONDE SKULE (derruba as peças e se levanta)

— Há muito tempo me cansei de ser o guardião do rei.

GREGÓRIUS JONSSON (aproxima-se e diz em tom baixo)

— Senhor conde, Jostein Tamb[17] manda dizer que o navio já está pronto para partir.

CONDE SKULE (baixinho)

— Bom. (Tira um pergaminho selado) — Aqui está a carta.

GREGÓRIUS JONSSON (balançando a cabeça)

— Conde, conde, isso é prudente?

CONDE SKULE

— O quê?

GREGÓRIUS JONSSON.

— Ela tem o selo do rei.

CONDE SKULE

— Estou agindo pelo bem do rei.

GREGÓRIUS JONSSON.

— Então, que o rei rejeite a oferta pessoalmente.

---

[17] Personagem menor que apóia o Conde Skule. Cabe enfatizar que personagens menores que são apenas ilustrativos de alianças dos personagens principais não serão explicados em notas.

CONDE SKULE

— Ele não o fará, se depender dele. Todo o seu coração está focado em subjugar os *Ribbungs*, por isso ele quer se assegurar em outros lados.

GREGÓRIUS JONSSON.

— Seu caminho pode ser sábio, mas é ousado.

CONDE SKULE

— Deixe isso comigo. — Pegue a carta e mande Jostein zarpar imediatamente.

GREGÓRIUS JONSSON.

— Será como ordena.

Sai à direita e logo retorna.

BISPO NICOLAU (para o CONDE)

— Você tem muito a ver, pelo que parece.

CONDE SKULE

— Mas pouco agradecimento por isso.

BISPO NICOLAU

— O rei se levantou.

HAAKON desce; todos os homens se levantam das mesas.

HAAKON (para o BISPO)

— Ficamos contentes em vê-lo resistir tão bravamente e bem durante todos esses dias de festividades.

BISPO NICOLAU

— Há um lampejo de vez em quando, meu senhor rei; mas não deve durar muito. — Estive doente durante todo o inverno.

HAAKON

— Sim, sim, você viveu uma vida forte, rica em feitos memoráveis.

BISPO NICOLAU (balança a cabeça)

— Ah, fiz tão pouco, e ainda tenho muito por fazer. Se ao menos soubesse se terei tempo para tudo!

HAAKON

— Os vivos devem assumir as tarefas dos que se foram, estimado senhor; todos temos o bem-estar da terra em nossos corações. (Vira-se para o CONDE.) — Fico intrigado com uma coisa: que nenhum de nossos *thanes* de Halogaland tenha vindo para o casamento.

CONDE SKULE

— Verdade; eu não tinha dúvidas de que Andres Skialdarband estaria aqui.

HAAKON (sorri)

— E Vegard Vaeradal também.

CONDE SKULE

— Sim, Vegard também.

HAAKON (em tom de brincadeira)

— E confio que agora você teria recebido meu velho amigo melhor do que há sete anos no cais de Oslo, quando o esfaqueou na bochecha, de modo que a lâmina saiu do outro lado.

CONDE SKULE (com um riso forçado)

— Sim, quando Gunnulf, seu tio materno, cortou a mão direita de Sira Eiliv, meu melhor amigo e conselheiro.

BISPO NICOLAU (alegre)

— E quando Dagfinn e os seus soldados colocaram uma forte guarda noturna no navio do rei, dizendo que o rei não estava seguro sob a proteção do conde!

HAAKON (sério)

— Esses dias são velhos e esquecidos.

DAGFINN (aproxima-se)

— Agora podemos soar o chamado para as competições de armas no campo verde, se lhe agradar, meu senhor.

HAAKON

— Ótimo. Hoje nos entregaremos apenas à diversão; amanhã voltaremos nossos pensamentos aos *Ribbungs* e ao conde das Órcades.[18]

BISPO NICOLAU

— Sim, ele se recusa a pagar tributo, não é?

HAAKON

— Se eu me livrasse dos *Ribbungs*, eu mesmo viajaria para o oeste.

HAAKON caminha em direção ao estrado, dá a mão a MARGRETE e a conduz para fora à direita; os outros gradualmente o seguem.

BISPO NICOLAU (para IVAR BODDE)

— Ouça, quem é esse homem chamado Jostein Tamb?

IVAR BODDE

— Ele é um comerciante das Órcades.

BISPO NICOLAU

— Das Órcades? Ah, sim! E agora ele está retornando para casa?

IVAR BODDE

— Acho que sim.

BISPO NICOLAU (baixinho)

— Com uma carga preciosa, Ivar Bodde!

IVAR BODDE

---

[18] As Órcades são um arquipélago localizado ao norte da Escócia, composto por cerca de 70 ilhas, das quais cerca de 20 são habitadas. Historicamente, elas foram controladas pelos noruegueses durante a Era Viking, antes de serem cedidas à Escócia em 1468 como parte de um dote de casamento. Esse legado nórdico é visível na cultura local, incluindo nomes e tradições. Além disso, as Órcades abrigam importantes sítios arqueológicos, como Skara Brae, Patrimônio Mundial da UNESCO, com vestígios da Idade da Pedra.

— Milho e roupas, provavelmente.

BISPO NICOLAU

— E uma carta do Conde Skule.

IVAR BODDE (assustado)

— Para quem?

BISPO NICOLAU

— Não sei; ela tinha o selo do Rei.

IVAR BODDE (agarrando-o pelo braço)

— Senhor bispo, é como diz?

BISPO NICOLAU

— Silêncio! Não me envolva nisso. (Afasta-se.)

IVAR BODDE

— Então preciso encontrar Dagfinn imediatamente!

Empurra a multidão em direção à porta.

BISPO NICOLAU (em tom de compaixão, para GREGÓRIUS JONSSON)

— Não passa um dia sem que alguém sofra, seja em bens ou em liberdade.

GREGÓRIUS JONSSON.

— Quem é desta vez?

BISPO NICOLAU

– Um pobre comerciante, Jostein[19] Tamb, acho que é o nome.

GREGÓRIUS JONSSON

---

[19] Pronuncia-se Ióstein.

—Jostein?

BISPO NICOLAU

— Dagfinn, o Camponês, pretende proibi-lo de zarpar.

GREGÓRIUS JONSSON

— Dagfinn quer proibi-lo, você diz?

BISPO NICOLAU

— Ele saiu agora mesmo.

GREGÓRIUS JONSSON

— Com sua licença, senhor; preciso agir rápido.

BISPO NICOLAU

— Sim, faça isso, meu caro senhor; Dagfinn, é muito apressado.

GREGÓRIUS JONSSON sai apressado à direita, junto com o restante dos presentes; apenas o
CONDE SKULE e o BISPO NICOLAU permanecem no salão.

CONDE SKULE anda de um lado para o outro em pensamentos profundos; parece, de repente,
despertar.

CONDE SKULE (olha ao redor)

— Como ficou silencioso aqui de repente!

BISPO NICOLAU

— O rei se foi.

CONDE SKULE

— E todos o seguiram.

BISPO NICOLAU

— Todos, exceto nós.

CONDE SKULE

— É algo grandioso ser rei.

BISPO NICOLAU (tentando)

— Você deseja experimentar isso, conde?

CONDE SKULE (com um sorriso sério)

— Já experimentei; toda noite, quando o sono vem, eu me torno Rei da Noruega.

BISPO NICOLAU

— Os sonhos pressagiam.

CONDE SKULE

— Sim, e tentam.

BISPO NICOLAU

— Não você, certamente. Antes, eu poderia entender, mas agora, quando você detém um terço do reino, governa como o primeiro homem do país e é pai da rainha...

CONDE SKULE

— Agora, mais do que nunca.

BISPO NICOLAU

— Não esconda nada! Confesse; vejo que uma grande dor o corrói.

CONDE SKULE

— Agora, mais do que nunca, eu digo: Esta é a grande maldição que recai sobre toda a minha vida: estar tão perto do mais alto, mas com um abismo entre nós. Um único salto, e do outro lado estão o título de rei, as vestes púrpuras, o trono, o poder, e tudo! Vejo isso diariamente diante de meus olhos, mas nunca consigo alcançar.

BISPO NICOLAU

— Verdade, conde, verdade.

CONDE SKULE

— Quando fizeram de Guthorm Sigurdsson rei, eu estava no auge da minha juventude; era como se uma voz gritasse dentro de mim: *"Fora com a criança, eu sou o homem, o homem forte!"* Mas Guthorm era filho do rei; havia um abismo entre mim e o trono.

BISPO NICOLAU

— E você não ousou...

CONDE SKULE

— Então Erling Steinvaeg foi escolhido pelos *Slittungs*. A voz gritou novamente dentro de mim: *"Skule é um chefe maior do que Erling Steinvaeg!"* Mas eu teria de romper com os *Birkebeiners*, esse era o abismo dessa vez.

BISPO NICOLAU

— E Erling se tornou rei dos *Slittungs*, e depois dos *Ribbungs*, e ainda assim você esperou!

CONDE SKULE

— Esperei Guthorm morrer.

BISPO NICOLAU

— E Guthorm morreu, e Inge Bardsson, seu irmão, tornou-se rei.

CONDE SKULE

— Então esperei a morte do meu irmão. Ele era doente desde o início; todas as manhãs, quando nos encontrávamos na missa sagrada, eu lançava olhares furtivos para ver se sua doença piorava. Cada expressão de dor que atravessava seu rosto era como uma rajada de vento nas minhas velas, levando-me mais perto do trono. Cada suspiro que ele soltava em agonia soava para mim como o eco de um clarim vindo de terras distantes, anunciando que em breve o trono seria meu. Assim, arranquei pela raiz todos os pensamentos de fraternidade; e Inge morreu, e Haakon veio, e os *Birkebeiners* o fizeram rei.

BISPO NICOLAU

— E você esperou...

CONDE SKULE

— Pensava que a ajuda viria de cima. Sentia a força real dentro de mim e eu estava envelhecendo; cada dia que passava era um dia retirado do meu grande objetivo. Todas as noites, eu pensava:

"Amanhã virá o milagre que o derrubará e me colocará no trono vazio."

BISPO NICOLAU

— Naquele tempo, o poder de Haakon era pequeno; ele era pouco mais que uma criança; bastava um único passo seu, mas você não o deu...

CONDE SKULE

— Esse passo era difícil de dar; ele me teria separado dos meus parentes e de todos os meus amigos.

BISPO NICOLAU

— Ah, aí está o problema, Conde Skule, essa é a maldição que recai sobre sua vida. Você quer sempre manter todas as saídas abertas em caso de necessidade, não ousa romper todos os laços e manter apenas um, defendê-lo sozinho e conquistar ou cair sobre ele. Você coloca armadilhas para seu inimigo, pendura espadas afiadas sobre sua cabeça, envenena cada prato e arma cem emboscadas; mas quando ele cai nas suas redes, você não puxa o fio; se ele estende a mão para o veneno, você acha mais seguro que ele morra pela espada; se parece prestes a ser capturado pela manhã, você pensa ser mais prudente esperar até a noite.

CONDE SKULE (olhando seriamente para ele)

— E o que faria, meu senhor bispo?

BISPO NICOLAU

— Não fale de mim; meu trabalho é construir tronos nesta terra, não sentar neles e governar.

CONDE SKULE (após uma breve pausa)

— Responda-me uma coisa, meu honrado senhor, e responda-me com sinceridade. Como Haakon consegue seguir o caminho reto tão inflexivelmente? Ele não é mais sábio, nem mais corajoso do que eu.

BISPO NICOLAU

— Quem faz os maiores feitos neste mundo?

CONDE SKULE

— O maior dos homens.

BISPO NICOLAU

— Mas quem é o maior dos homens?

CONDE SKULE

— O mais corajoso.

BISPO NICOLAU

— Assim diria o guerreiro. Um sacerdote diria: o homem de maior fé, um filósofo: o mais sábio. Mas não é nenhum deles, conde. O homem mais afortunado é o maior homem. É o homem mais afortunado que faz os maiores feitos: aquele a quem as exigências de seu tempo capturam como uma paixão, gerando pensamentos que ele mesmo não consegue entender, e apontando caminhos que ele não sabe aonde levam, mas que ele segue e deve seguir até ouvir o povo gritar de alegria, e, ao olhar ao redor com olhos surpresos, descobre-se o herói de uma grande realização.

CONDE SKULE

— Sim, há essa confiança inabalável em Haakon.

BISPO NICOLAU

— Isso é o que os romanos chamavam de *ingenium*. Não sou forte em latim, mas era chamado de *ingenium*[20].

CONDE SKULE (pensativo a princípio, depois com crescente excitação)

— Haakon é feito de outro barro que o meu? O homem afortunado? Sim, tudo não prospera para ele? Tudo não se molda para o melhor quando ele está envolvido? Até os camponeses notam isso; dizem que as árvores dão frutos duas vezes, e as aves chocam duas ninhadas a cada verão, enquanto Haakon é rei. Vermeland, onde ele queimou e devastou, sorri com suas casas reconstruídas e seus campos de trigo se curvando pesados ao vento. É como se sangue e cinzas fertilizassem a terra por onde os exércitos de Haakon passam; é como se o Senhor revestisse de verdura dupla o que Haakon pisoteou; é como se os poderes sagrados se apressassem em apagar todo o mal em seu rastro. E como foi fácil seu caminho até o trono! Ele precisava que Inge morresse cedo, e Inge morreu; sua juventude precisava ser vigiada e protegida, e seus homens o vigiaram e protegeram; ele precisava da ordália, e sua mãe suportou o ferro por ele.

BISPO NICOLAU (com um surto involuntário)

— Mas nós dois!

CONDE SKULE

— Nós?

BISPO NICOLAU

— Você, eu quis dizer. E quanto a você?

CONDE SKULE

— O direito é de Haakon, bispo.

BISPO NICOLAU

— O direito é dele, porque ele é o afortunado; é até mesmo o auge da fortuna, ter o direito. Mas por qual direito Haakon tem o direito, e não você?

CONDE SKULE (após uma breve pausa)

— Há coisas das quais peço a Deus que me salve de pensar.

BISPO NICOLAU

— Você nunca viu um quadro antigo na Igreja de Cristo em Nídaros? Ele mostra o Dilúvio subindo e subindo sobre todas as colinas, de modo que resta apenas um único pico acima das águas. Nele, uma família inteira sobe, pai, mãe, filho, esposa do filho e crianças; e o filho empurra o pai de volta ao dilúvio para conseguir melhor apoio; e ele empurrará sua mãe, sua esposa e todas as suas crianças, para alcançar o topo sozinho; pois lá em cima ele vê uma pequena porção de terra onde poderá manter-se vivo por uma hora. Isso, conde, essa é a saga da sabedoria, e a saga de todo homem sábio.

CONDE SKULE

— Mas o direito!

BISPO NICOLAU

— O filho tinha o direito. Ele tinha força e o desejo pela vida; satisfaça seus desejos e use sua força: isso é o direito que todo homem tem!

CONDE SKULE

— Sim, para aquilo que é bom.

BISPO NICOLAU

— Palavras, palavras! Não há nem bom nem mau, nem alto nem baixo. Você precisa esquecer essas palavras, senão nunca dará o último passo, nunca saltará o abismo. (Em voz baixa e insistente.) — Você não deve odiar um partido ou uma causa porque esse partido ou causa deseja isto ou aquilo; mas deve odiar cada homem de um partido porque ele está contra você, e deve odiar todos que se reúnem em torno de uma causa, porque a causa colide com sua vontade. O que for útil para você é bom, o que colocar pedras no seu caminho é mau.

CONDE SKULE (olha pensativo à frente)

— Quanto me custou esse trono, ao qual ainda não cheguei! E quanto custou a Haakon, que agora se senta nele com tanta segurança! Eu era jovem e renunciei ao meu doce amor secreto para me aliar a uma casa poderosa. Roguei aos santos para que me abençoassem com um filho... tive apenas filhas.

BISPO NICOLAU

— Haakon terá filhos, conde, marque isso!

CONDE SKULE (cruzando até a janela à direita)

— Sim, tudo acontece como Haakon deseja.

BISPO NICOLAU

— E você, vai se permitir ser exilado da felicidade durante toda a sua vida? Você está cego? Não vê que é uma força maior que os *Birkebeiners* que está ao lado de Haakon, favorecendo toda sua obra? Ele tem ajuda do alto, daqueles que estão contra você, daqueles que têm sido seus inimigos desde o seu nascimento! Acorde, homem; endireite suas costas! Para que você tem uma alma poderosa? Pense que o primeiro grande feito que o mundo conhece foi realizado por alguém que se levantou contra um grande reino!

CONDE SKULE

— Quem?

BISPO NICOLAU

— O anjo que se rebelou contra a luz!

CONDE SKULE

— E foi lançado no abismo sem fim.

BISPO NICOLAU (selvagem)

— E ali fundou um reino, e fez de si mesmo um rei, um rei poderoso; mais poderoso que qualquer um dos dez mil condes lá em cima! (Desaba em um banco ao lado da mesa.)

CONDE SKULE (olha fixamente para ele)

— Bispo Nicolau, você é algo mais ou algo menos que um homem?

BISPO NICOLAU (sorri)

— Estou no estado de inocência: não conheço o bem nem o mal.

CONDE SKULE (meio para si mesmo)

— Por que me mandaram ao mundo, se não pretendiam ordená-lo melhor para mim? Haakon tem uma fé tão firme e inabalável em si mesmo... Todos os seus homens têm uma fé tão firme e inabalável nele...

BISPO NICOLAU

— Não deixe que ninguém veja que você não tem uma fé tão firme em si mesmo! Fale como se a tivesse, jure grandes juramentos que a tem, e todos acreditarão em você.

CONDE SKULE

— Se eu tivesse um filho! Se ao menos eu tivesse um filho, para receber a herança das minhas mãos!

BISPO NICOLAU (ansioso)

— E se você tivesse um filho, conde?

CONDE SKULE

— Não tenho.

BISPO NICOLAU

— Haakon terá filhos.

CONDE SKULE (juntando as mãos)

— E ele é de linhagem real!

BISPO NICOLAU

— Conde, e se ele não fosse?

CONDE SKULE

— Ele não provou isso? O ordálio...

BISPO NICOLAU

— E se ele não fosse, apesar do ordálio?

CONDE SKULE

—Você quer dizer que Deus mentiu no julgamento?

BISPO NICOLAU

— O que Inga de Varteig invocou a Deus como testemunha?

CONDE SKULE

— Que o filho que ela deu à luz no leste, em Borgasyssel, era filho de Haakon Sverresson

BISPO NICOLAU (acena, olha em volta e diz suavemente)

— E se o Rei Haakon não fosse essa criança?

CONDE SKULE (dá um passo para trás)

— Grande Deus! (Controla-se.) — Isso é inacreditável.

BISPO NICOLAU

— Escute-me, conde! Tenho setenta e seis anos; está ficando cada vez mais difícil continuar, e não ouso levar esse segredo comigo para o outro lado.

CONDE SKULE

—Fale, fale! Ele não é filho de Haakon Sverresson?

BISPO NICOLAU

— Ouça-me. Ninguém sabia que Inga estava grávida. Haakon Sverresson havia morrido recentemente, e, sem dúvida, ela temia Inge Bardsson, que então era rei, temia você e, bem, talvez também temesse os *Baglers*. Ela deu à luz em segredo na casa de Trond, o padre, no leste, na paróquia de Heggen, e nove dias depois ela partiu para casa; mas a criança permaneceu um ano inteiro com o padre, ela não ousando cuidar dela, e ninguém sabendo que respirava, exceto Trond e seus dois filhos.

CONDE SKULE

—Sim, sim… e depois?

BISPO NICOLAU

— Quando a criança tinha um ano de idade, mal poderia continuar escondida por mais tempo

Então, Inga revelou o fato a Erlend de Huseby, um velho *Birkebeiner* dos tempos de Sverre, como você sabe.

CONDE SKULE

— E então?

BISPO NICOLAU

— Ele e outros chefes das Terras Altas levaram a criança, atravessaram as montanhas no meio do inverno e a trouxeram ao rei, que então estava em Nídaros.

CONDE SKULE

— E ainda assim você pode dizer isso?

BISPO NICOLAU

— Você pode acreditar que era uma questão perigosa para um humilde padre criar o filho de um rei. Assim que a criança nasceu, ele relatou o caso a um de seus superiores na igreja e pediu seu conselho. Esse superior ordenou que Trond enviasse o verdadeiro filho do rei com sigilo para um lugar seguro, e desse a Inga outra criança, caso ela ou os *Birkebeiners* viessem a pedir por seu filho.

CONDE SKULE (indignado)

— E quem foi o cão que deu esse conselho?

BISPO NICOLAU

— Fui eu!

CONDE SKULE

— Você? Sim, você sempre odiou a linhagem de Sverre.

BISPO NICOLAU

— Achei que não era seguro que o filho do rei caísse em suas mãos.

CONDE SKULE

— Mas o padre?

BISPO NICOLAU

— Prometeu fazer o que eu ordenei.

CONDE SKULE (segurando-o pelo braço)

— E Haakon é a outra criança?

BISPO NICOLAU

— Sim, se o padre cumpriu sua promessa.

CONDE SKULE

—"Se" ele cumpriu?

BISPO NICOLAU

— Trond, o padre, deixou o país no mesmo inverno em que a criança foi levada ao Rei Inge. Ele viajou ao túmulo de Thomas Becket[21] e depois permaneceu na Inglaterra até sua morte.

CONDE SKULE

— Ele deixou o país, você diz? Então deve ter trocado as crianças e temido a vingança dos *Birkebeiners*.

BISPO NICOLAU

— Ou ele não trocou as crianças e temeu a minha vingança.

CONDE SKULE

— Qual hipótese você acredita ser verdadeira?

BISPO NICOLAU

---

[21] Thomas Becket (1119 ou 1120 – 1170) foi arcebispo de Cantuária e uma figura central em um dos mais célebres conflitos entre a Igreja e o Estado na Inglaterra medieval. Inicialmente aliado do rei Henrique II, Becket tornou-se defensor ferrenho da autonomia da Igreja ao ser nomeado arcebispo, o que o colocou em oposição ao monarca. Sua defesa dos direitos eclesiásticos levou a seu assassinato por cavaleiros ligados ao rei dentro da Catedral de Cantuária. Becket foi canonizado em 1173, e seu túmulo se tornou um dos maiores destinos de peregrinação na Europa medieval.

— Ambas podem muito bem ser verdadeiras.

CONDE SKULE

— E os filhos de que você falou?

BISPO NICOLAU

— Eles foram com os cruzados para a Terra Santa

CONDE SKULE

— E você não teve notícias deles?

BISPO NICOLAU

— Sim, tive notícias.

CONDE SKULE

— Onde estão?

BISPO NICOLAU

— Eles se afogaram no Mar Grego durante a viagem.

CONDE SKULE

— E Inga?

BISPO NICOLAU

— Não sabe de nada, nem da confissão do padre, nem do meu conselho.

CONDE SKULE

— A criança tinha apenas nove dias quando ela a deixou, você disse?

BISPO NICOLAU

— Sim, e a criança que ela viu depois tinha mais de um ano.

CONDE SKULE

— Então, nenhuma criatura viva pode lançar luz sobre esse assunto! (Anda rapidamente de um lado para o outro.) — Deus Todo-Poderoso, será isso verdade? Haakon, o rei... ele, que governa sobre toda esta terra... será que ele não nasceu para ser rei? E por que isso não seria possível? Não o acompanhou a sorte de forma milagrosa? Por que não isso também, ser retirado como uma criança de uma pobre cabana de camponês e colocado no berço de um rei?

BISPO NICOLAU

— Enquanto todo o povo acredita que ele é filho do rei...

CONDE SKULE

— Enquanto ele mesmo acredita nisso, bispo? Esse é o cerne de sua sorte, esse é o cinto de sua força! (Vai até a janela.) — Veja como ele monta a cavalo com destreza! Ninguém monta como ele. Seus olhos estão cheios de um brilho alegre, de um sol dançante; ele olha para o dia como se soubesse que foi criado para avançar, sempre avançar. (Vira-se para o BISPO.) — Eu sou o braço de um rei, talvez o cérebro de um rei também; mas ele é o rei completo.

BISPO NICOLAU

— E, no entanto, pode ser que não seja rei, afinal...

CONDE SKULE

— Pode ser que não seja rei, afinal.

BISPO NICOLAU (coloca a mão no ombro do CONDE)

— Ouça-me, Conde Skule...

CONDE SKULE (ainda olhando para fora)

— Ali está a rainha. Haakon fala suavemente com ela; ela fica ruborizada e pálida de alegria. Ele a tomou como esposa porque era sábio escolher a filha do homem mais poderoso da Noruega. Não havia, naquela época, nenhum pensamento de amor por ela em seu coração; mas isso virá; Haakon tem a sorte ao seu lado. Ela iluminará a vida dele. (Para de repente e grita surpreso.) — O que é isso?

BISPO NICOLAU

— O quê?

CONDE SKULE

— Dagfinn está rompendo violentamente a multidão

Agora ele está dando ao rei algumas notícias.

BISPO NICOLAU (olhando para fora, por trás do CONDE)

— Haakon parece zangado, não? Ele cerra o punho...

CONDE SKULE

— Ele está olhando para cá... o que será? (Indo em direção à saída.)

BISPO NICOLAU (segura-o)

— Ouça-me, Conde Skule, pode haver ainda um meio de obter a certeza sobre o direito de Haakon.

CONDE SKULE

—Um meio, você diz?

BISPO NICOLAU

— Trond, o sacerdote, antes de morrer, escreveu uma carta contando toda a sua história, e tomou o sacramento como testemunho de sua veracidade.

CONDE SKULE

— E essa carta, pelo amor de Deus, onde está?

BISPO NICOLAU

— Você precisa saber que... (Olha em direção à porta.) — Silêncio! O rei está vindo.

CONDE SKULE

— A carta, bispo! — A carta!

BISPO NICOLAU

— Aqui vem o rei!

HAAKON entra, seguido por sua guarda e muitos convidados. Logo em seguida, MARGRETE aparece; ela parece ansiosa e alarmada, e está prestes a correr até o rei, mas é contida por LADY RAGNHILD, que, com outras damas, a seguiu. SIGRID fica um pouco afastada, ao fundo. Os homens do CONDE mostram-se inquietos e se reúnem em grupo à direita, onde SKULE está de pé, mas alguns passos atrás dele.

HAAKON (com forte, mas contida, excitação)

— Conde Skule, quem é o rei nesta terra?

CONDE SKULE

— Quem é o rei?

HAAKON

— Essa foi minha pergunta. Eu carrego o título real, mas quem detém o poder real?

CONDE SKULE

— O poder real deve pertencer a quem tem o direito real.

HAAKON

— Assim deveria ser; mas é assim?

CONDE SKULE

— Está me convocando para um julgamento?

HAAKON

— Estou; pois tenho esse direito em relação a todos os homens desta terra!

CONDE SKULE

— Não temo responder por meus atos.

HAAKON

— Melhor para todos nós se puder. (Sobe um dos degraus do trono e se apoia em um dos braços do trono.) — Aqui estou como seu rei, e pergunto: Sabe que Jon, Conde das Órcades,[22] se levantou contra mim?

CONDE SKULE

— Sim!

---

[22] Conde das Órcades: Título nobiliárquico que remonta ao período em que as Ilhas Órcades, situadas ao norte da Escócia, faziam parte do Reino da Noruega. Os Condes de Orkney desempenharam papéis significativos na política escandinava e britânica durante a Idade Média, sendo um elo estratégico entre as duas regiões.

HAAKON

— Que ele nega me pagar tributo?

CONDE SKULE

— Sim!

HAAKON

— E é verdade que você, senhor conde, enviou-lhe hoje uma carta?

CONDE SKULE

— Quem disse isso?

IVAR BODDE

— Eu disse!

DAGFINN

— Jostein Tamb não ousou se negar a carregá-la, já que ela trazia o Selo do Rei

HAAKON

—Você escreve aos inimigos do rei sob o Selo do Rei, embora o rei nada saiba do que foi escrito?

CONDE SKULE

— Fiz isso por muitos anos, com sua boa vontade.

HAAKON

— Sim, nos dias de sua regência.

CONDE SKULE

— Nunca teve nada além de benefícios com isso. O Conde Jon escreveu-me pedindo que eu mediasse em seu favor; ele ofereceu paz, mas em termos desonrosos para o rei. A guerra em Vermeland pesou muito em sua mente; se essa questão fosse deixada para você, o Conde Jon teria saído com demasiada facilidade. Eu posso lidar melhor com ele.

HAAKON

— Preferimos lidar com ele nós mesmos. E o que respondeu?

CONDE SKULE

— Leia minha carta.

HAAKON

— Dê-me ela!

CONDE SKULE

— Pensei que a tivesse.

DAGFINN

— Você sabe muito bem que não a temos. Gregórious Jonsson foi rápido demais; quando chegamos a bordo, a carta havia sumido.

CONDE SKULE (virando-se para GREGÓRIUS JONSSON)

— Senhor Barão, entregue a carta ao rei.

GREGÓRIUS JONSSON (aproximando-se inquieto)

— Ouça, conde!

CONDE SKULE

— O que agora?

GREGÓRIUS JONSSON (baixinho)

— Lembre-se, havia palavras duras nela sobre o rei.

CONDE SKULE

— Minhas palavras eu responderei. A carta!

GREGÓRIUS JONSSON

— Eu não a tenho!

CONDE SKULE

— Não a tem?

GREGÓRIUS JONSSON

— Dagfinn estava em nossos calcanhares. Arranquei a carta de Jostein Tamb, amarrei-a a uma pedra…

CONDE SKULE

— E?

GREGÓRIUS JONSSON

— Ela está no fundo do fiorde.

CONDE SKULE

— Você agiu mal, muito mal.

HAAKON

— Estou esperando a carta, senhor conde.

CONDE SKULE

— Não posso entregá-la

HAAKON

— Não pode?

CONDE SKULE (avança um passo em direção ao rei)

— Meu orgulho não aceita ser pressionado, como você e seus homens diriam…

HAAKON (controlando sua ira crescente)

— E assim…

CONDE SKULE

— Em uma frase: não vou entregá-la!

HAAKON

— Então você me desafia!

CONDE SKULE

— Já que deve ser assim… Sim, eu o desafio.

IVAR BODDE (firme)

— Agora, meu senhor rei, agora acho que ninguém mais precisa de provas!

DAGFINN

— Sim, agora acho que conhecemos a intenção do conde.

HAAKON (friamente, para o CONDE)

— Você entregará o Grande Selo a Ivar Bodde.

MARGRETE (corre com as mãos juntas em direção ao trono onde o rei está)

— Haakon, seja um marido bom e generoso comigo!

HAAKON faz um gesto imperativo em sua direção; ela esconde o rosto no véu e volta para junto de sua mãe.

CONDE SKULE (para IVAR BODDE)

— Aqui está o Grande Selo.

IVAR BODDE

— Esta era para ser a última noite da festa. Ela terminou em grande tristeza para o rei; mas, mais cedo ou mais tarde, isso teria de acontecer, e acredito que todo homem verdadeiro deve se alegrar por ter acontecido.

CONDE SKULE

— E acredito que todo homem verdadeiro deve sentir grande ira ao ver um sacerdote que deveria aconselhar o rei tenta criar discórdia entre nós, *Birkebeiner;* sim, *Birkebeiner,* eu digo, pois sou tão bom *Birkebeiner* quanto o rei ou qualquer um de seus homens. Sou do mesmo sangue, do sangue de Sverre, do sangue real… Mas você, Ivar Bodde, em vez de aconselhar, ergueu um muro de desconfiança ao redor do rei, e me afastou dele; essa tem sido sua tarefa por muitos anos.

PAAL FLIDA (enfurecido, aos circunstantes)

— Homens do conde! Vamos tolerar isso por mais tempo!?

GREGÓRIUS JONSSON

— Não, nós não podemos e não vamos tolerar isso por mais tempo. Já é hora de dizer claramente: nenhum dos homens do conde pode servir ao com total confiança e lealdade, enquanto Ivar Bodde vai e vem no palácio, fomentando a discórdia entre nós.

PAAL FLIDA

— Sacerdote! Ordeno que cuide da sua vida e integridade física, onde quer que eu o encontre, seja no campo, a bordo de um navio ou em qualquer casa não consagrada.

MUITOS HOMENS DO CONDE

— Eu também! Eu também! Você é um fora da lei para nós!

IVAR BODDE

— Deus me livre de ficar entre o rei e tantos poderosos chefes. Haakon, meu gracioso senhor, minha alma me testemunha que o servi com toda a fidelidade. É verdade que o alertei contra o conde; mas, se algum dia o ofendi, peço que Deus me perdoe. Agora não tenho mais o que fazer no palácio; aqui está seu Selo; tome-o em suas próprias mãos; ele já deveria ter repousado aí há muito tempo.

HAAKON (que desceu do trono)

— Você vai permanecer!

IVAR BODDE

— Não posso. Se eu ficasse, minha consciência me corroeria dia e noite. Não há mal maior nestes tempos do que manter o rei e o conde separados.

HAAKON

— Ivar Bodde, eu ordeno que você permaneça!

IVAR BODDE

— Se o Santo Rei Olaf ressurgisse de seu túmulo de prata para me ordenar que ficasse, ainda assim eu teria que ir. (Coloca o Selo nas mãos de Haakon.) — Adeus, meu nobre senhor! Que Deus o abençoe e o faça prosperar em todas as suas obras!

Sai pela multidão, à direita.

HAAKON (sombrio, ao CONDE e seus homens)

— Perdi um amigo leal por causa de vocês; que compensação podem oferecer para reparar essa perda?

CONDE SKULE

— Ofereço a mim mesmo e a todos os meus amigos.

HAAKON

— Receio que isso não será suficiente. Agora devo reunir ao meu redor todos os homens em quem posso confiar plenamente. Dagfinn, envie imediatamente um mensageiro para Halogaland; Vegard Vaeradal deve ser chamado de volta.

DAGFINN (que esteve conversando ao fundo com um homem vestido para viajar, que entrou no salão, aproxima-se emocionado)

— Vegard não pode vir, meu senhor.

HAAKON

— Como você sabe disso?

DAGFINN

— Acabo de receber notícias dele.

HAAKON

— Que notícias?

DAGFINN

— Vegard Vaeradal foi morto.

MUITAS VOZES

— Morto!

HAAKON

— Quem o matou?

DAGFINN

— Andres Skialdarband, o amigo do conde.

Uma breve pausa; sussurros inquietos se espalham entre os homens.

HAAKON

— Onde está o mensageiro?

DAGFINN (trazendo o homem à frente)

— Aqui, meu senhor rei.

HAAKON

— Qual foi a causa do assassinato?

MENSAGEIRO

— Ninguém sabe ao certo. A conversa recaía sobre o tributo finlandês, e de repente Andres se levantou e desferiu o golpe mortal.

HAAKON

— Havia desavenças anteriores entre eles?

MENSAGEIRO

— De vez em quando Andres era ouvido dizendo que um conselheiro sábio aqui no sul lhe havia escrito que ele deveria ser firme e inflexível com Vegard Vaeradal.

DAGFINN

— Estranho! Antes de partir, Vegard me disse que um conselheiro sábio lhe havia dito que ele deveria ser firme e inflexível com Andres Skialdarband.

BISPO NICOLAU (cuspindo)

— Que vergonha para tais conselheiros!

HAAKON

— Não questionaremos mais de onde essa traição surgiu. Perdi dois fiéis companheiros hoje. Eu poderia chorar por Vegard; mas não é hora de chorar; deve ser vida por vida. Senhor conde, Andres Skialdarband é seu vassalo jurado; você me ofereceu todos os seus serviços em compensação por Ivar Bodde. Aceito sua palavra e espero que essa traição seja vingada.

CONDE SKULE

— Certamente, maus anjos estão trabalhando entre nós hoje. Contra qualquer outro de meus homens, eu permitiria que você vingasse o assassinato...

HAAKON (espera)

— Bem?

CONDE SKULE

— Mas não contra Andres Skialdarband.

HAAKON (irado)

— Você vai proteger o assassino?

CONDE SKULE

— Esse assassino eu devo proteger.

HAAKON

— E o motivo?

CONDE SKULE

— Somente Deus no céu conhece.

BISPO NICOLAU (baixinho, para DAGFINN)

— Eu sei.

DAGFINN

— E eu suspeito.

BISPO NICOLAU

— Não diga nada, bom Dagfinn.

HAAKON

— Conde, vou acreditar enquanto puder, que você não fala sério sobre o que disse para mim.

CONDE SKULE

— Mesmo que fosse meu próprio pai que Andres Skialdarband tivesse matado, ele ainda assim ficaria livre. Não pergunte mais.

HAAKON

— Muito bem. Então nós mesmos vamos cuidar desse assunto!

CONDE SKULE (com uma expressão de alarme)

— Haverá derramamento de sangue de ambos os lados, meu senhor rei!

HAAKON

— Que seja; mesmo assim, a vingança será tomada.

CONDE SKULE

— Ela não será tomada! Não pode ser tomada!

BISPO NICOLAU

— Não, o conde está certo.

HAAKON

— Diz isso, meu honrado senhor?

BISPO NICOLAU

— Andres Skialdarband juntou-se às cruzadas.

HAAKON E CONDE SKULE

—Juntou-se às cruzadas!?!

BISPO NICOLAU

— E já zarpou do país.

CONDE SKULE

— Isso é bom para todos nós!

HAAKON

— O dia está acabando; o banquete de casamento deve agora chegar ao fim. Agradeço-lhe, senhor conde, por toda a honra que me foi dada nestes dias. Está a caminho de Nídaros, acredito?

CONDE SKULE

— Esse é minha intenção.

HAAKON

— E eu vou para Viken. Se preferir, Margrete, você pode permanecer em Bergen.

MARGRETE

— Para onde você for, eu irei também, até que me ordene o contrário

HAAKON

— Muito bem; então venha comigo.

SIGRID

— Agora nossa família está espalhada por toda parte. (Ajoelha-se diante de HAAKON.) — Conceda-me uma graça, meu senhor rei!

HAAKON

— Levante-se, senhora Sigrid; o que quer que peça será concedido.

SIGRID

— Não posso ir com o conde para Nídaros. O convento em Rein será em breve consagrado; escreva ao arcebispo e tome providências para que eu seja feita abadessa.

CONDE SKULE

—Você, minha irmã?

HAAKON

—Você vai entrar para um convento!

SIGRID (levanta-se)

— Desde minha sangrenta noite de núpcias em Nídaros, quando os *Baglers* vieram e mataram meu noivo, e centenas junto com ele, e incendiaram a cidade em todos os cantos desde então, tem sido como se o sangue e o fogo tivessem embaçado e entorpecido minha visão para o mundo ao meu redor. Mas aprendi a vislumbrar aquilo que outros olhos não veem, e agora vejo uma coisa: um tempo de grande medo paira sobre esta terra!

CONDE SKULE (veemente)

— Ela está doente! Não a ouçam!

SIGRID

— Uma colheita abundante está amadurecendo para aquele que ceifa nas trevas. Toda mulher na Noruega terá apenas uma tarefa agora: ajoelhar-se na igreja e no convento, e rezar e rezar tanto de dia quanto de noite.

HAAKON (abalado)

— É profecia ou uma alma enferma que fala assim?

SIGRID

— Adeus, meu irmão, nos encontraremos novamente.

CONDE SKULE (involuntariamente)

— Quando?

SIGRID (baixinho)

— Quando você tiver tomado a coroa; na hora do perigo, quando você precisar de mim na sua mais terrível necessidade.

Sai à direita, com MARGRETE, LADY RAGNHILD e as mulheres.

HAAKON (após uma breve pausa, desembainha sua espada e diz com determinação tranquila)

— Todos os homens do conde deverão prestar o juramento de fidelidade.

CONDE SKULE (contundente)

— Essa é sua decisão final? (Quase implora.) — Rei Haakon, não faça isso!

HAAKON

— Nenhum homem do conde deixará Bergen sem ter jurado fidelidade ao rei. Sai com sua Guarda. Todos, exceto o CONDE e o BISPO, o seguem.

BISPO NICOLAU

— Ele foi duro com você hoje!

CONDE SKULE permanece em silêncio, olhando para fora, na direção do rei, como se estivesse atordoado.

BISPO NICOLAU (mais alto)

— E talvez nem seja de linhagem real, afinal.

CONDE SKULE (repentinamente, muito agitado, agarra o BISPO pelo braço)

— A confissão de Trond, o sacerdote. Onde está?

BISPO NICOLAU

— Ele me enviou da Inglaterra antes de morrer; não sei por quem, e ela nunca me alcançou.

CONDE SKULE

— Mas ela deve ser encontrada!

BISPO NICOLAU

— Não duvido que possa ser.

CONDE SKULE

— E se a encontrar, você a entregará em minhas mãos?

BISPO NICOLAU

— Isso eu prometo.

CONDE SKULE

—Jura pela salvação de sua alma?

BISPO NICOLAU

—Juro pela salvação de minha alma!

CONDE SKULE

— Muito bem; até lá, trabalharei contra Haakon, onde quer que isso possa ser feito em segredo e sem ser notado. Ele deve ser impedido de se fortalecer mais do que eu, antes que a luta comece.

BISPO NICOLAU

— Mas se for provado que ele é realmente de linhagem real. O que então?

CONDE SKULE

— Então eu devo tentar orar, orar por humildade, para que eu possa servi-lo com toda a minha força, como um fiel líder.

BISPO NICOLAU

— E se ele não for de nascimento real?

CONDE SKULE

— Então ele cederá o lugar para mim! O título de rei e o trono real, exércitos e guardas, frota e tributos, cidades e castelos, tudo será meu!

BISPO NICOLAU

— Ele irá para Viken.

CONDE SKULE

— Eu o expulsarei de Viken!

BISPO NICOLAU

— Ele se fortificará em Nídaros.

CONDE SKULE

— Eu atacarei Nídaros!

BISPO NICOLAU

— Ele se refugiará na igreja sagrada do Santo Rei Olaf.

CONDE SKULE

— Eu invadirei o santuário!

BISPO NICOLAU

— Ele se agarrará ao altar-mor e ao túmulo do Santo Rei Olaf.

CONDE SKULE

— Eu o arrastarei para longe do altar, mesmo que eu tenha que arrastar o túmulo junto!

BISPO NICOLAU

— Mas a coroa ainda estará em sua cabeça, conde!

CONDE SKULE

— Eu arrancarei a coroa com minha espada!

BISPO NICOLAU

— E se ela estiver muito firme?

CONDE SKULE

— Então, em nome de Deus ou de Satanás, eu cortarei a cabeça junto com ela!

Sai pela direita.

BISPO NICOLAU (olha pra confirmar a saída do conde)

— Sim, sim, é nesse estado de espírito que eu o quero, conde!

TERCEIRO ATO

UMA SALA NA RESIDÊNCIA DO BISPO EM OSLO.

À direita, há a porta de entrada. Ao fundo, uma pequena porta aberta leva à capela, que está iluminada. À esquerda, na parede, uma porta com uma cortina conduz ao quarto do bispo. À frente, no mesmo lado, está um banco estofado de descanso. À direita, uma mesa com cartas, documentos e uma lamparina acesa.

A sala está vazia no início; por trás da cortina à esquerda, ouvem-se os cânticos dos monges. Pouco depois, PAAL FLIDA entra pela direita, com trajes de viagem, para, espera, olha ao redor e, então, bate três vezes no chão com seu cajado.

SIRA·VILIAM (sai pela esquerda e exclama, em voz baixa)

— Paal Flida! Graças a Deus, o conde não está longe.

PAAL FLIDA

— Os navios já estão chegando à Hovedo;[23] eu vim na frente. Como está o bispo?

SIRA VILIAM

— Ele está recebendo a extrema-unção agora.

PAAL FLIDA

— Então é grande o perigo?

---

[23] Hovedo" refere-se a uma pequena ilha no fiorde de Oslo, Noruega, com uma longa história militar e religiosa. Conhecida como HovedOya em norueguês, esta ilha abriga as ruínas de um mosteiro cisterciense do século XII e já serviu como base militar em várias ocasiões. Hoje, é um popular ponto turístico de Oslo.

SIRA VILIAM

— Mestre Sigard, de Brabante, disse que ele não sobreviverá esta noite.

PAAL FLIDA

— Então, acho que ele nos convocou tarde demais.

SIRA VILIAM

— Não, não. Ele ainda está plenamente consciente e tem alguma força também. A todo momento ele pergunta se o conde não chegou.

PAAL FLIDA

— Vocês ainda o chamam de conde? Não sabem que o rei lhe deu o título de duque?

SIRA VILIAM

— Sim, sim, claro; é apenas um velho hábito. Silêncio...

SIRA VILIAM e PAAL FLIDA fazem o sinal da cruz e se curvam. Do quarto do bispo, saem dois coristas com velas, seguidos de outros dois com incensários; depois, vêm padres carregando o cálice, a patena, um crucifixo e um estandarte da igreja; em seguida, uma procissão de padres e monges; coristas com velas e incensários fecham a procissão, que se move lentamente para a capela, cuja porta é fechada após sua passagem.

PAAL FLIDA

— Agora o velho bispo finalmente acertou as contas com este mundo.

SIRA VILIAM

— Posso avisá-lo de que o Duque Skule virá o mais rápido possível?

PAAL FLIDA

— Ele está vindo direto do cais para a residência do bispo. Adeus! (Sai.)

Mais padres, incluindo PEDRO, e servos do bispo saem pela esquerda, trazendo cobertores, travesseiros e um grande braseiro. PEDRO fica.

SIRA VILIAM

— Para que isso?

UM PADRE arruma o banco

— O bispo quer deitar aqui fora

SIRA VILIAM

— Mas isso é aconselhável?

O PADRE

— Mestre Sigard acha que podemos atender ao seu pedido. Aqui está ele.

O BISPO NICOLAU entra, apoiado por MESTRE SIGARD e um padre. Ele veste as vestes episcopais, mas sem o cajado e o solidéu.[24]

BISPO NICOLAU

— Acendam mais velas! (Ele é colocado no banco junto ao braseiro e coberto com os cobertores.)

SIRA VILIAM

— O duque mandou avisar, senhor; ele já está passando pela Ilha de Hovedo.

BISPO NICOLAU

— Isso é bom, muito bom. O rei também deve chegar logo. Fui um pecador em meus dias, Viliam; cometi muitos pecados contra o rei. Os padres lá dentro disseram que todos os meus pecados seriam perdoados... sim, pode ser, mas é fácil para eles prometerem isso; não foram eles que eu ofendi. Não, não.. é mais seguro ouvir isso da boca do rei. (Grita com impaciência.) — Luz, eu disse! Está muito escuro aqui dentro.

SIRA VILIAM

— As velas estão acesas.

MESTRE SIGARD faz um sinal para que ele pare e se aproxima do bispo.

---

[24] "solidéu" é um pequeno gorro redondo usado por membros do clero da Igreja Católica, além de alguns outros grupos religiosos. O solidéu é tradicionalmente feito de seda ou lã e cobre a parte superior da cabeça. Ele tem diferentes cores, dependendo do cargo da pessoa que o usa.

MESTRE SIGARD

— Como se sente, senhor?

BISPO NICOLAU

— Ah, bem, — bem; estou com as mãos e os pés gelados.

MESTRE SIGARD (em voz baixa, enquanto move o braseiro para mais perto)

— Hmm, isso é o começo do fim.

BISPO NICOLAU, ansioso, para SIRA VILIAM

— Eu ordenei que oito monges cantassem e orassem por mim na capela esta noite. Fique de olho; há alguns preguiçosos entre eles.

Sira Viliam aponta silenciosamente para a capela, de onde vem o canto, que continua durante o que se segue.

BISPO NICOLAU

— Tanta coisa por fazer ainda, e ter de deixar tudo inacabado! Tanto por fazer, Viliam!

SIRA VILIAM

— Senhor, pense no celestial!

BISPO NICOLAU

— Tenho tempo para isso; — até o amanhecer, segundo Mestre Sigard...

SIRA VILIAM

— Meu senhor, meu senhor!

BISPO NICOLAU

— Tragam-me a mitra e o cajado! — É fácil para você dizer que devo pensar... (Um padre traz o que ele pediu.) — Pronto, coloquem a mitra aí, é muito pesada; me dêem o cajado na mão; pronto, agora estou armado. Um bispo! O diabo não ousará me levar agora!

SIRA VILIAM

— Mais alguma coisa?

BISPO NICOLAU

— Não. Sim, diga-me; Pedro, o filho de Andres Skjaldarband. Todos falam tão bem de você.

SIRA VILIAM

— Ele é, sem dúvida, uma alma inocente.

BISPO NICOLAU

— Pedro, você vai vigiar comigo até que o rei ou o duque chegue. Os outros, saiam por enquanto, mas fiquem por perto.

Todos, exceto Pedro, saem pela direita.

BISPO NICOLAU (após uma breve pausa)

— Pedro!

PEDRO se aproxima.

PEDRO

— Senhor?

BISPO NICOLAU

— Você já viu um homem velho morrer?

PEDRO

— Não.

BISPO NICOLAU

— Todos têm medo, posso jurar por isso! Ali, na mesa, há uma carta selada; traga-a para mim. (Pedro traz a carta.) — É para sua mãe.

PEDRO

— Para minha mãe?

BISPO NICOLAU

— Você deve viajar para o norte, para Haalogaland, com ela. Escrevi-lhe sobre um assunto importante; chegaram notícias de seu pai.

PEDRO

— Ele luta como um gigante do Senhor nas Terras Sagradas. Se ele cair, será em solo consagrado, pois lá cada centímetro de terra é sagrado. Eu lembro de meu pai em todas as minhas orações.

BISPO NICOLAU

— Andrés Skjaldarband é querido para você?

PEDRO

— Ele é um homem honrado, mas há outro homem cuja grandeza minha mãe sempre me ensinou a admirar.

BISPO NICOLAU (rapidamente, com interesse)

— É o Duque Skule?

PEDRO

— Sim, o Duque Skule Baardsson. Minha mãe o conheceu em sua juventude. Certamente, o duque é o maior homem deste reino!

BISPO NICOLAU

— Aqui está a carta; viaje para o norte imediatamente! Eles não estão cantando lá dentro?

PEDRO

— Sim, senhor!

BISPO NICOLAU

— Oito fortes vozes de homens com gargantas como trombetas devem ajudar, não acha?

PEDRO

— Senhor, eu preferiria rezar sozinho!

BISPO NICOLAU

— Tenho tanto por fazer, Pedro. A vida é curta demais; além disso, o rei certamente me perdoará quando chegar... (Sente uma dor súbita.)

PEDRO

— Você está sofrendo?

BISPO NICOLAU

— Não é dor; mas meus ouvidos estão zumbindo, e vejo luzes piscando diante de meus olhos...

PEDRO

— São os sinos celestiais que o chamam para casa; e as luzes são as velas do altar, acesas pelos anjos de Deus para você.

BISPO NICOLAU

— Sim, claro que é isso; não há perigo, desde que continuem rezando sem parar lá dentro. Vá agora, leve a carta imediatamente.

PEDRO

— Não devo esperar mais um pouco?

BISPO NICOLAU

— Não, vá; não tenho medo de ficar sozinho.

PEDRO

— Nos encontraremos novamente quando os sinos celestiais também tocarem por mim. (Sai pela direita.)

BISPO NICOLAU

— Os sinos celestiais... Sim, isso é fácil de dizer quando se caminha sobre duas pernas fortes. Tanto ainda por fazer! Mas algo de mim viverá, mesmo depois de mim. Prometi ao duque, pela salvação de minha alma, que lhe daria a confissão de Trond, o padre, se ela viesse até mim; ainda bem que nunca chegou. Se ele tivesse certeza, ele venceria ou cairia; e um deles se tornaria o homem mais poderoso que já viveu na Noruega. Não, não... o que eu não pude alcançar, ninguém mais deve alcançar. A incerteza é melhor; enquanto o duque estiver atormentado por ela, os dois se destruirão sempre que puderem; cidades serão incendiadas, vilas devastadas. Nenhum deles ganhará com a perda do outro... (Horrorizado.) — Perdão, misericórdia! A culpa é minha... fui eu que, desde o início, dei o empurrão para tudo isso! (Acalma-se.) — Sim, sim, sim! Mas agora o rei vem... é ele quem mais sofre com isso... ele certamente me perdoará. Serão feitas orações e missas; não há motivo para desespero. Afinal, sou bispo, e nunca matei ninguém com minhas próprias mãos. É bom que a confissão de Trond nunca tenha chegado; os santos estão comigo, eles não me tentaram a quebrar minha promessa. Quem bate à porta? Deve ser o duque! (Esfrega as mãos com satisfação.) — Ele implorará por provas de seu direito ao trono... e eu não as tenho!

INGA DE VERTEING entra; ela está vestida de preto, com manto e capuz.

BISPO NICOLAU (sobressaltado)

— Quem é você?

INGA

— Uma mulher de Varteig, na diocese de Borgasyssel, reverendo senhor.

BISPO NICOLAU

— A mãe do rei!

INGA

— Fui chamada assim um dia.

BISPO NICOLAU

— Vá embora, vá! Não aconselhei Haakon a se livrar de você!

INGA

— O que o rei faz é bem-feito; não é por isso que vim.

BISPO NICOLAU

— E então, por quê?

INGA

— Gunnulf, meu irmão, voltou da viagem à Inglaterra.

BISPO NICOLAU

— Da viagem à Inglaterra!?

INGA

— Ele esteve ausente por muitos anos, como sabe, vagando por terras distantes; agora, trouxe uma carta...

BISPO NICOLAU (sem fôlego)

— Uma carta?

INGA

— Do padre Trond. Ela é para o senhor, bispo. (Entrega a carta.)

BISPO NICOLAU

— É mesmo; e você a trouxe?

INGA

— Assim quis o padre Trond. Sou muito grata a ele desde o tempo em que ele criou Haakon. Ouvi dizer que você estava doente; por isso vim imediatamente...

BISPO NICOLAU

— Não precisava ter sido tão rápida, Inga!

DAGFINN entra pela direita.

— A paz de Deus, reverendo senhor!

BISPO NICOLAU

— O rei está vindo?

DAGFINN

— Agora ele desce os montes de Ryen com a rainha, o príncipe e grande comitiva.

INGA (avança em direção a Dagfinn)

— O rei, o rei! Ele está vindo aqui!?

DAGFINN cumprimenta INGA

— Inga! Você aqui, mulher tão sofrida!

INGA

— Não é sofrida aquela que tem um filho tão grandioso.

DAGFINN

— Agora o coração endurecido dele será amolecido.

INGA

— Não diga uma palavra ao rei sobre mim. Oh, mas preciso vê-lo; por favor, confirme, ele está vindo aqui?

DAGFINN

— Sim, em breve.

INGA

— E está escurecendo. O rei será conduzido por tochas?

DAGFINN

— Sim.

INGA

— Então eu me posicionarei em um portal por onde ele passará; e depois irei de volta para Varteig. Mas antes entrarei na Igreja de Hallvard; lá há velas acesas esta noite; lá rezarei pelo rei, pelo meu belo filho. (Sai pela direita.)

DAGFINN

— Cumpri minha missão de avisá-lo bispo; agora vou ao encontro do rei.

BISPO NICOLAU

— Saudações afetuosas a ele, bom Dagfinn!

DAGFINN enquanto sai pela direita

— Eu não gostaria de ser o Bispo Nicolau amanhã.

BISPO NICOLAU

— A confissão de Trond, o padre! Então ela finalmente chegou; aqui está, em minhas mãos. (Reflete e olha para frente.) — Nunca se deve prometer algo pela salvação da alma quando se está tão velho quanto eu. Se eu tivesse mais anos pela frente, sempre daria um jeito de evitar tal promessa; mas esta noite, a última noite... não, não é prudente. Posso cumpri-la? Não... seria arriscar tudo pelo que trabalhei durante toda a minha vida? (Sussurrando.) — Oh, se eu pudesse enganar o Diabo apenas mais uma vez! (Ouve algo.) — O que é isso? (Grita.) — VILIAM, VILIAM!

SIRA VILIAM entra pela direita.

BISPO NICOLAU

— Que barulho assustador é esse?

SIRA VILIAM

— É uma tempestade que se aproxima.

BISPO NICOLAU

— Uma tempestade está chegando! Sim, vou cumprir minha promessa! Tempestade, você diz...? (Ele tenta ouvir algo.) — Estão cantando lá dentro?

SIRA VILIAM

— Sim, senhor.

BISPO NICOLAU

— Diga para se esforçarem ao máximo; o irmão Aslak especialmente; ele sempre faz preces curtas demais; ele para quando pode; ele pula partes, o desgraçado! (Bate com o cajado no chão.) — Vá lá e diga a ele que esta é a última noite que tenho; ele deve se esforçar, ou eu o perseguirei, eu o assombrarei!

SIRA VILIAM

— Senhor, não devo chamar o Mestre Sigard?

BISPO NICOLAU

— Vá, eu disse! (VILIAM entra na capela.) Deve ser a vontade do Céu que eu reconcilie o rei e o duque, já que ele me enviou a carta do Padre Trond. Isto é difícil, Nicolau; destruir com um único golpe tudo o que você construiu ao longo da vida. Mas não há saída; devo fazer a vontade do Céu desta vez! Se ao menos eu pudesse ler o que está escrito na carta; mas não consigo enxergar uma palavra! Há névoas sobre meus olhos, brilhos e faísca; e não ouso deixar que outro a leia para mim! Fazer tal promessa! A inteligência humana é tão fraca que não consegue prever as consequências de seus próprios atos? Falei tanto e tão intensamente com Vegard Vaeradal sobre convencer o rei a se separar de Inga, que acabou acontecendo. Esse foi um ato inteligente à primeira vista; mas se eu não tivesse aconselhado isso, Inga não estaria em Varteig agora, a carta não teria chegado a tempo em minhas mãos, e eu não teria nenhuma promessa a cumprir. Se ao menos tivesse mais tempo; mas só tenho esta única noite, e talvez nem isso. Eu devo, eu quero viver mais! (Bate com o cajado; um padre entra pela direita.) — Chame o Mestre Sigard! (O padre sai; o bispo aperta a carta nas mãos.) — Aqui, dentro deste fino selo, está a saga da Noruega para os próximos cem anos! Ela está adormecida, como um pássaro no ovo! Oh, se eu tivesse mais de uma alma... Ou nenhuma! (Aperta a carta com força contra o peito.) — Oh, se o fim não estivesse tão perto, e o julgamento e a punição, eu a chocaria até se transformar em um falcão, que lançaria uma sombra de terror por todo o país e cravaria suas garras afiadas no coração de cada homem! (De repente se assusta.) Mas a última hora está próxima! (Grita.) — Não, não, você será um cisne, um cisne branco! (Joga a carta no chão e grita.) — Mestre Sigard! Mestre Sigard!

MESTRE SIGARD (entra pela direita)

— Como está, reverendíssimo senhor?

BISPO NICOLAU

— Mestre Sigard, venda-me três dias de vida!

MESTRE SIGARD

— Já lhe disse...

BISPO NICOLAU

— Sim, sim; já me disse! Mas você não estava falando sério, foi apenas uma pequena brincadeira da sua parte. Eu sei que fui um senhor irracional com você; por isso quis me assustar recusando. Que feio, não, não, foi merecido! Mas agora seja bom e gentil! Vou pagar bem; três dias de vida, Mestre Sigard, só três dias de vida!

MESTRE SIGARD

— Mesmo que eu fosse embora na mesma hora que o senhor, não poderia lhe vender três dias.

BISPO NICOLAU

— Um dia então; só um dia! Que seja claro, que o sol brilhe quando eu partir! Ouça, Sigard! (Acena para ele se aproximar e o faz sentar no banco.) — Dei quase todo o meu ouro e prata à Igreja, para que grandes missas fossem rezadas depois. Farei tudo de novo; você pode ficar com tudo! O que me diz, Sigard, vamos enganar todos eles lá dentro? He, he, he! Você ficará rico, Sigard, e sairá do país;

eu ganharei tempo e poderei me arrepender um pouco, precisando de menos orações. O que me diz, Sigard, vamos...? (Sigard sente o pulso do bispo; o bispo exclama angustiado.) — O que foi, por que não responde?

MESTRE SIGARD (levanta-se)

— Não tenho tempo, senhor. Vou preparar uma bebida que poderá aliviar um pouco os seus últimos momentos.

BISPO NICOLAU

— Não, espere com isso! Espere

— E me responda!

MESTRE SIGARD

— Não tenho tempo; a bebida precisa estar pronta em uma hora. (Sai pela direita)

BISPO NICOLAU

— Em uma hora! (Bate freneticamente.) — Viliam! Viliam!

SIRA VILIAM (sai da capela)

— O que deseja, senhor?

BISPO NICOLAU

— Coloque mais gente para ajudar lá dentro! Oito não são suficientes!

SIRA VILIAM

— Meu senhor?

BISPO NICOLAU

— Mais gente para ajudar, eu disse! Kolbejn, o Irmão da Cruz, esteve doente por cinco semanas, — ele não pode ter pecado muito nesse tempo.

SIRA VILIAM

— Ele se confessou ontem.

BISPO NICOLAU (com entusiasmo)

— Sim, ele deve estar bem; leve-o! (VILIAM volta para a capela.) — Dentro de uma hora! (Enxuga o suor da testa.) — Puh, como está quente aqui! O miserável, de que adianta todo o seu conhecimento, se ele não pode acrescentar nem uma hora à minha vida. Lá está ele, sentado o dia todo em sua sala, montando rodas e contrapesos e alavancas artificiais; quer criar uma máquina que funcione sem parar, ele a chama de *perpetuum mobile*. Por que ele não usa sua habilidade e engenhosidade para transformar o homem em tal *perpetuum mobile*? (Para e pensa; seus olhos brilham.) — *Perpetuum mobile,* não sou muito bom em latim, mas significa algo que tem a capacidade de agir para sempre, através de todas as épocas. E se eu mesmo pudesse...? Isso seria um grande feito para terminar! Seria fazer minha maior obra em meu último momento! Colocar em movimento rodas e alavancas nas almas do rei e do duque; colocá-las em movimento de tal forma que nenhum poder na Terra pudesse detê-las; se eu puder fazer isso, continuarei vivo, vivendo em minha obra, — e no fim das contas, talvez seja isso que chamam de imortalidade. Pensamentos reconfortantes e revigorantes, como vocês fazem bem ao velho homem! (*Solta um suspiro e se estica agradavelmente no banco.*) — O Diabo tem estado atrás de mim com força hoje à noite. Isso é consequência de ficar ocioso; *otium est pulvis — pulveris* — Bem, tanto faz o latim, — o Diabo não terá mais poder sobre mim; vou me manter ocupado até o fim; vou... — Como eles gritam lá dentro! (Bate; VILIAM sai.) — Diga a eles que se calem; estão me perturbando. O rei e o duque chegarão logo; tenho grandes coisas para pensar.

SIRA VILIAM

— Senhor, devo então...?

BISPO NICOLAU

— Diga-lhes para pararem por um momento, para que eu possa pensar em paz. Veja ali, pegue aquela carta no chão. Certo. Agora me dê os papéis...

SIRA VILIAM (vai até a escrivaninha)

— Quais, senhor?

BISPO NICOLAU

— Não importa... Pegue os documentos selados; aqueles que estão no topo. — Agora, vá e peça para que façam silêncio. (SIRA VILIAM sai.) — Morrer e ainda assim governar a Noruega! Morrer e garantir que nenhum homem se eleve acima de todos os outros. Mil caminhos poderiam levar a esse objetivo, mas só há um que sirva, e esse é o que devo encontrar. Ah! O caminho está tão perto, tão perto! Sim, será assim. Cumprirei minha promessa; o duque terá a carta em suas mãos; mas o rei... hm, ele terá a picada da dúvida cravada em seu coração. Haakon é honesto, como dizem; com sua crença em si mesmo e em seu direito, muito lhe cairá nas mãos. Ambos duvidarão e acreditarão, balançarão de um lado para o outro, nunca encontrarão terreno firme sob seus pés — *perpetuum mobile!* — Mas será que Haakon confiará em minha palavra? Ele confiará; afinal, sou um homem moribundo. Vou alimentá-lo com verdades antes de envená-lo com a dúvida. — As minhas forças estão me abandonando, mas minha alma se renova. Não estou mais no leito da morte, estou em minha oficina; vou trabalhar nesta última noite, trabalhar até que a luz se apague!

DUQUE SKULE entra pela direita e caminha até o BISPO.

DUQUE SKULE

— Paz e saudações, nobre bispo! Ouvi dizer que sua saúde está frágil.

BISPO NICOLAU

— Sou um cadáver em botão, bom duque; esta noite desabrocharei; e amanhã poderão sentir meu perfume.

DUQUE SKULE

— Já esta noite?

BISPO NICOLAU

— O Mestre Sigard diz: dentro de uma hora.

DUQUE SKULE

— E a carta do padre Trond...?

BISPO NICOLAU

— Ainda pensa nisso?

DUQUE SKULE

— Nunca deixou meus pensamentos.

BISPO NICOLAU

— O rei lhe fez duque; nenhum homem havia carregado esse título na Noruega antes de você.

DUQUE SKULE

— Não basta. Se Haakon for ilegítimo, devo ter tudo!

BISPO NICOLAU

— Aqui está tão frio; sinto todos os meus membros congelados.

DUQUE SKULE

— A carta do padre Trond, senhor! Pelo amor de Deus, o Todo-Poderoso… Você a tem?

BISPO NICOLAU

— Sei, ao menos, onde pode ser encontrada.

DUQUE SKULE

— Então diga, diga!

BISPO NICOLAU

— Espere…

DUQUE SKULE

— Não, não! Use o tempo; vejo que está perto do fim. E me disseram que o rei também vem para cá.

BISPO NICOLAU

— Sim, o rei está vindo; isso deve provar que estou cuidando de seus interesses, até agora.

DUQUE SKULE

— O que pretende fazer?

BISPO NICOLAU

— Lembra-se, no casamento do rei, quando você disse que a força de Haakon vinha de sua inabalável fé em si mesmo?

DUQUE SKULE

— E agora?

BISPO NICOLAU

— Se eu confessar e plantar a dúvida nele, sua fé cairá, e com ela sua força.

DUQUE SKULE

— Senhor, isso é pecado, pecado, se ele for o verdadeiro rei!

BISPO NICOLAU

— Estará em suas mãos fazer com que ele volte a acreditar. Antes de eu partir, direi onde a carta do padre Trond pode ser encontrada.

SIRA VILIAM entra pela direita.

SIRA VILIAM

— O rei está subindo a rua com tochas e sua comitiva.

BISPO NICOLAU

— Que seja bem-vindo. (SIRA VILIAM sai.) — duque, peço-lhe um último favor. Seja meu vingador contra todos os meus inimigos! (Pega uma carta.) — Aqui escrevi seus nomes. Os que estão no topo, eu gostaria que fossem enforcados, se possível.

DUQUE SKULE

— Não pense em vingança agora; sua hora está próxima...

BISPO NICOLAU

— Não é vingança, é punição. Prometa-me que brandirá a espada da justiça sobre todos os meus inimigos quando eu me for! — Eles são tão seus rivais quanto meus; quando você for rei, terá que castigá-los; promete-me isso!?

DUQUE SKULE

— Eu prometo e juro; mas a carta do padre Trond!

BISPO NICOLAU

— Você saberá onde encontrá-la; — mas veja —; o rei está chegando... Guarde a lista de nossos inimigos!

O duque guarda o documento; nesse momento, Haakon entra pela direita.

BISPO NICOLAU

— Bem-vindo ao meu velório, Senhor Rei!

HAAKON

— Sempre se opôs a mim em tudo, mas isso será esquecido e perdoado agora; a morte apaga até mesmo a maior das dívidas.

BISPO NICOLAU

— Que alívio! Oh, como a clemência do rei é maravilhosamente grande! Senhor, o que fez por um velho pecador esta noite será retribuído dez vezes!

HAAKON

— Deixe estar; mas devo dizer-lhe que estou intrigado. Você me convoca aqui para que eu o perdoe, mas me prepara este encontro?

BISPO NICOLAU

— Encontro, Senhor?

DUQUE SKULE

— Ele se refere a mim. Estimado bispo, assegure ao Rei Haakon, por minha honra e lealdade, que eu nada soube de sua vinda antes de pôr os pés no cais de Oslo.

BISPO NICOLAU

— Ah, ah; toda a culpa recai sobre mim! Fui um homem doente, acamado durante o último ano; pouco ou nada soube dos assuntos do reino; pensei que tudo estivesse bem entre os nobres parentes agora!

HAAKON

— Percebi que a amizade entre o duque e eu prospera quando mantemos distância um do outro; por isso, adeus, Bispo Nicolau, e que Deus esteja com você onde quer que vá a partir de agora.

HAAKON faz menção de sair.

DUQUE SKULE (sussurrando, inquieto)

— Bispo, bispo; ele está indo embora!

BISPO NICOLAU (de repente, com força selvagem)

— Fique, Rei Haakon!

HAAKON (para)

— O que agora?

BISPO NICOLAU

— Não sairá desta sala antes que o velho Bispo Nicolau tenha dito sua última palavra!

HAAKON (instintivamente colocando a mão na espada)

— Talvez você tenha trazido homens armados para Viken, duque?

DUQUE SKULE

— Não tenho parte nisso.

BISPO NICOLAU

— É com o poder da palavra que farei você ficar. Onde há um velório, o morto é o primeiro entre os presentes; ele pode fazer o que quiser... até onde suas forças o permitirem. Por isso, quero fazer meu próprio discurso fúnebre agora; antigamente eu sempre temi que o Rei Sverre fosse quem fizesse isso por mim.

HAAKON

— Não fale de forma tão descontrolada, senhor!

DUQUE SKULE

— O senhor está desperdiçando os últimos momentos preciosos que lhe restam!

HAAKON

— Seus olhos já estão ficando turvos!

BISPO NICOLAU

— Sim, minha visão está turva; mal consigo enxergar onde você está, mas dentro de mim, minha vida passa clara como a luz. Vejo visões ali; ouça e aprenda, rei! Minha linhagem foi a mais poderosa do reino; muitos grandes líderes vieram dela; eu queria ser o maior de todos. Não era mais que um garoto quando comecei a ansiar por feitos grandiosos; parecia impossível esperar até me tornar adulto; surgiram reis com menos direito do que eu: Magnus Erlingsson, Sverre Prest! Eu também queria ser rei; mas primeiro precisava ser um chefe... Isso era necessário. A batalha deveria ocorrer em Ilevoldene; foi a primeira vez que participei. O sol nasceu, e relâmpagos brilhavam de milhares de armas reluzentes. Magnus e todos os seus homens avançaram como se fosse uma brincadeira; só eu senti meu coração apertado. Nosso exército avançou com força; mas eu não consegui acompanhar...

estava com medo! Todos os outros líderes de Magnus lutaram bravamente, e muitos caíram lutando; mas eu fugi, subi correndo a colina de Stenberget e só parei quando cheguei à margem do fiorde, longe. Muitos homens tiveram que lavar suas roupas ensanguentadas no fiorde de Trondheim naquela noite; eu também lavei as minhas, mas não por causa de sangue. Sim, rei, eu estava com medo, feito para ser um líder — e com medo! Isso caiu sobre mim como um raio; fiquei ressentido com todos desde aquele momento; orava secretamente nas igrejas, chorava e me ajoelhava diante dos altares, dava generosas oferendas, fazia promessas sagradas; lutei em batalha após batalha, em Saltosund, em Jonsvoldene naquele verão em que os *Baglers* cercaram Bergen — Tudo em vão! Sverre foi o primeiro a perceber, ele declarou isso abertamente e com escárnio, e desde aquele dia todos riram quando Nikolas Arnesson marchava para a batalha. — Medo, medo —, e ainda assim eu queria ser um líder, queria ser rei, sentia que tinha nascido para ser rei, na verdade, poderia ter expandido o Reino de Deus na Terra; mas foram os próprios santos que me barraram o caminho!

HAAKON

— Não acuse os céus, bispo! O senhor cultivou muito ódio.

BISPO NICOLAU

— Sim, eu odiei muito; odiei cada homem neste país que se elevou acima da multidão. Mas eu odiei porque não conseguia amar. Belas mulheres... oh, mas ainda posso devorá-las com os olhos flamejantes! Tenho oitenta anos e ainda desejo derrubar homens e abraçar mulheres; mas me faltava a coragem, como na batalha. Só vontade e desejo, roubados desde o nascimento; o dom ardente da luxúria. E, ainda assim, um aleijado! Então, tornei-me sacerdote; um homem deve ser rei ou sacerdote se quiser ter todo o poder. Há, há, há. Eu, sacerdote! Eu, um homem da igreja! Sim, havia uma obra divina para a qual o Céu especialmente me criou: a de cantar com voz de mulher nas grandes festas da Santa Igreja. E, ainda assim, exigem de mim lá em cima... de mim, um meio-homem. O que têm o direito de exigir de todos que receberam plenamente o dom de sua vocação! Houve tempos em que achei tal exigência justa; aqui estive acamado, aterrorizado com o julgamento e a punição! Agora, tudo isso passou; minhas forças retornaram à minha alma! Não cometi nenhum pecado; foi contra mim que a injustiça foi cometida; sou eu quem reclama justiça! Eu sou o acusador!

DUQUE SKULE (baixinho)

— Senhor! A carta! Não lhe resta muito tempo!

HAAKON

— Pense em sua alma e busque se redimir!

BISPO NICOLAU

— A obra de um homem é a sua alma, e a minha obra continuará a viver na Terra. Mas você, Rei Haakon, deve se precaver; assim como o Céu se opôs a mim e me deu sofrimento como recompensa, da mesma forma você se opõe ao homem que detém a sorte do reino em suas mãos!

HAAKON

— Ah – duque, duque! Agora entendo este encontro!

DUQUE SKULE (enfatico, para o bispo)

— Não diga mais nada disso!

BISPO NICOLAU (para Haakon)

— Ele se antagonizará a você enquanto sua cabeça estiver firme sobre seus ombros. Compartilhe com ele! Eu não terei paz no túmulo, eu retornarei, se vocês dois não compartilharem tudo! Nenhum de vocês deve se elevar sobre o outro; se isso acontecer, um gigante surgirá no reino, e aqui não deve haver gigante, pois eu nunca fui um gigante! (Cai esgotado no banco.)

DUQUE SKULE (ajoelhando-se junto ao banco e gritando para Haakon)

— Tragam ajuda! Pela misericórdia de Deus, o bispo não pode morrer ainda!

BISPO NICOLAU

— Como meus olhos escurecem! Rei, pela última vez: — Você dividirá com o duque?

HAAKON

— Não dou uma migalha do que Deus me deu!

BISPO NICOLAU

— Muito bem. (Baixa a voz.) — Pelo menos perderá a fé! (Grita.) Viliam!

DUQUE SKULE (baixinho)

— A carta, a carta!

BISPO NICOLAU (sem ouvi-lo)

— Viliam! (Viliam entra; o bispo o puxa para perto e sussurra.) — Quando recebi a extrema-unção, todos os meus pecados foram perdoados?

SIRA VILIAM

— Todos os pecados, desde o seu nascimento até o momento em que a recebeu.

BISPO NICOLAU

— E não mais? Até o momento em que eu partir?

SIRA VILIAM

— Senhor, o senhor não pecará esta noite.

BISPO NICOLAU

— Hm, ninguém pode saber... Pegue o cálice de ouro que me foi dado pelo Bispo Absalon. Doe-o à igreja e reze por mim sete grandes orações.

SIRA VILIAM

— Senhor, Deus será misericordioso com você!

BISPO NICOLAU

— Sete orações, eu disse, pelos pecados que ainda posso cometer esta noite! Vá, vá! (VILIAM sai; o bispo se vira para o Duque Skule.) — Duque, se algum dia você ler a carta do padre Trond e ela, por acaso, mostrar que Haakon é o rei legítimo... o que fará então?

DUQUE SKULE

— Em nome de Deus... então ele será rei.

BISPO NICOLAU

— Pense bem; muito está em jogo. Examine cada canto de seu coração; responda como se estivesse perante o julgamento! O que fará se ele for o rei legítimo?

DUQUE SKULE

— Curvarei-me e o servirei.

BISPO NICOLAU (murmura)

— Muito bem, então aceite as consequências. (Para Skule.) — Duque, estou fraco e cansado; uma sensação de paz e reconciliação me envolve...

DUQUE SKULE

— É a morte! A carta do padre Trond! Onde está?

BISPO NICOLAU

— Primeiro, uma outra questão; eu dei a você a lista dos meus inimigos.

DUQUE SKULE (impaciente)

— Sim, sim; eu os vingarei todos!

BISPO NICOLAU

— Não, estou tão sereno agora; quero perdoar, como está escrito. Assim como você renuncia ao poder, eu também renunciarei à vingança. Queime a lista!

DUQUE SKULE

— Muito bem, como quiser.

BISPO NICOLAU

— Aqui no braseiro, para que eu veja!

DUQUE SKULE (joga o papel no fogo)

— Pronto, agora está queimando! E agora, fale, fale! Milhares de vidas dependem de suas palavras!

BISPO NICOLAU (com olhos brilhando)

— Milhares de vidas! (Grita.) Luz! Ar!

HAAKON (correndo até a porta e gritando)

— Ajuda! O bispo está morrendo!

SIRA VILIAM e vários servos do bispo entram.

DUQUE SKULE (sacudindo o braço do bispo)

— A sorte da Noruega por cem anos, sua grandeza por toda a eternidade, talvez!

BISPO NICOLAU

— Eternidade! (Triunfante.) — *Perpetuum mobile!*

DUQUE SKULE

— Pela salvação de nossas almas! Onde está a carta do padre Trond?

BISPO NICOLAU (grita)

— Mais sete orações, Viliam!

DUQUE SKULE (desesperado)

— A carta! A carta!

BISPO NICOLAU (sorrindo em seu leito de morte)

— Foi a que você queimou, bom duque! (Cai de volta no banco e morre.)

DUQUE SKULE solta um grito involuntário, recua e cobre o rosto com as mãos.

DUQUE SKULE

— Deus, Todo-Poderoso!

OS MONGES saem correndo da capela.

MONGES

— Salvem-se, quem puder!

VOZES

— As forças do mal se libertaram!

OUTRAS VOZES

— Há risos nas sombras! Há vozes gritando: "nós o pegamos!" Todas as luzes se apagaram e se acenderam!

HAAKON

— O Bispo Nicolau está morto agora.

OS MONGES (fogem pela direita, gritando)

— *Pater noster! Pater noster!*

HAAKON (aproxima-se de Skule e diz em tom baixo)

— Duque, não investigarei os conselhos secretos que você discutiu com o bispo antes dele morrer; mas a partir de amanhã, você devolverá seu poder e dignidade às minhas mãos; vejo claramente agora, nós dois não podemos caminhar juntos!

DUQUE SKULE (distraído, olhando para frente)

— Caminhar juntos...?

HAAKON

— Amanhã farei o *thing*[25] no Palácio Real; tudo deve ser resolvido entre nós. (Sai à direita.)

DUQUE SKULE

— O bispo está morto e a carta foi queimada! Uma vida cheia de dúvidas, lutas e medo! Oh, se eu pudesse rezar! Não, eu devo agir; esta noite o passo final deve ser dado! (Para VILIAM.) — Para onde foi o rei?

SIRA VILIAM (assustado)

— Que Cristo me proteja, o que queres com ele?

DUQUE SKULE

— Acha que pretendo matá-lo esta noite? (Vira-se e sai à direita.)

SIRA VILIAM balança a cabeça e observa o DUQUE SKULE sair, enquanto os criados carregam o corpo para fora, à esquerda.

SIRA VILIAM

— O bispo disse: *"sete orações a mais"*; acho que seria mais seguro se fizéssemos quatorze. (Segue os outros.)

— — — — — — — — —

---

[25] *Nota 7*. Assembleia.

UMA SALA NO PALÁCIO REAL.

No fundo está a porta de entrada; nas paredes laterais, portas menores; na frente, à direita, uma janela. Uma lâmpada brilha no teto. Perto da porta à esquerda há um banco, e mais ao fundo, um berço onde o filho do Rei Haakon dorme; MARGRETE está ajoelhada ao lado do berço.

MARGRETE embala e canta

— Agora erguem-se as telhas e o caibro,
Até o céu estrelado, tão belo e sábio;
Agora voa o pequeno Haakon,

— Com suas asas de sonho, tão vão.
Uma escada ao céu vai surgir,
Da Terra aos anjos, a subir;

— Agora sobe o pequeno Haakon,
Com os Anjos ao alto, sem chão.
Os anjos de Deus, com cuidado,

— Vigiam seu sono abençoado;
Deus te guarde, pequeno Haakon,
Com tua mãe em oração.

Pausa curta. O DUQUE SKULE entra ao fundo.

MARGRETE levanta-se de repente com um grito de alegria e corre ao encontro dele.

MARGRETE

— Meu pai! — Oh, como ansiei por este encontro!

DUQUE SKULE

— Que a paz de Deus esteja contigo, Margrete! Onde está o rei?

MARGRETE

— Na casa do Bispo Nicolau.

DUQUE SKULE

— Hm… então ele logo estará aqui.

MARGRETE

— E vocês vão conversar e se reconciliar, serão amigos outra vez, como nos velhos tempos?

DUQUE SKULE

— Eu gostaria muito.

MARGRETE

— Haakon também deseja isso; e eu rezo todos os dias a Deus para que isso aconteça. Oh, venha cá e veja, veja! (Agarra a mão dele e o leva até o berço.)

DUQUE SKULE

— Seu filho!

MARGRETE

— Sim, este é meu adorável bebê; — não é maravilhoso? Ele se chama Haakon, como o rei! Olhe aqui, seus olhos. Não, você não pode ver agora, ele está dormindo, mas ele tem grandes olhos azuis; e ele já sorri e estende as mãos para me agarrar, e ele já me reconhece! (Arruma cuidadosamente os cobertores do berço.)

DUQUE SKULE

— Haakon teria filhos, previu o bispo.

MARGRETE

— Este pequeno bebê me é mil vezes mais querido que qualquer reino, e é assim também para Haakon. Não consigo acreditar plenamente em tanta felicidade; eu mantenho o berço ao lado da minha cama; toda noite, quando acordo, olho para ver se ele ainda está lá, é como se eu tivesse medo de que tudo fosse apenas um sonho.

DUQUE SKULE ouve e vai até a janela

— Não é o rei?

MARGRETE

— Sim, ele está subindo pela outra escada; vou buscá-lo. (Segura a mão do pai brincando e o leva de volta ao berço.) — Duque Skule! Fique de guarda ao lado do filho do rei por enquanto, sim, porque ele também é filho de um rei. Nunca me lembro disso! E se ele acordar, curve-se e o cumprimente, como se deve cumprimentar um rei! Agora vou encontrar Haakon; oh, Deus, Deus! Agora finalmente haverá luz e paz para nossa família! (Sai à direita.)

DUQUE SKULE (após um curto e sombrio silêncio)

— Haakon tem um filho. Sua linhagem viverá depois dele. Se ele morrer, haverá um pretendente ao trono, mais próximo do que qualquer outro. Tudo prospera para Haakon. Talvez ele seja o usurpador, mas sua fé em si mesmo permanece firme como antes; o bispo tentou abalar isso, mas não teve tempo antes da morte, nem permissão de Deus! Deus protege Haakon, ele manteve sua força intacta! Agora, eu deveria contar isso a ele? Deveria jurar sobre as palavras do bispo? De que adiantaria? Ninguém acreditaria em mim, nem Haakon, nem os outros. Ele teria acreditado no bispo em seu leito de morte; a dúvida o envenenaria, mas isso não podia acontecer. E assim como a certeza está enraizada em Haakon, a dúvida está enraizada em mim; quem neste mundo poderia arrancá-la? Ninguém, ninguém. A provação foi realizada, Deus falou, e ainda assim Haakon pode ser o usurpador, enquanto eu desperdiço minha vida. (Senta-se, pensativo, à mesa, à direita.) — E se eu conquistasse o reino, a dúvida não permaneceria lá, corroendo e esvaziando minha alma com seu eterno gotejar de gelo? Sim, sim, mas é melhor sentar no trono e duvidar de si mesmo, do que ficar de pé, no meio da multidão, duvidando de quem está sentado. — Deve haver um fim entre mim e Haakon! Um fim? Mas como? (Levanta-se.) — Ó Todo-Poderoso, Tu, que assim planejaste o meu destino, Tu deves assumir a culpa por tudo o que vier! (Anda de um lado para o outro, para e reflete.) É hora de cortar todas as pontes, deixar apenas uma e vencer ou cair ali, — disse o bispo no casamento real em Bergen; já faz três anos, e durante todo esse tempo desperdicei e dividi minhas forças tentando proteger todas as pontes. —(Rapidamente.) — Agora devo seguir o conselho do bispo; agora ou nunca! Estamos ambos aqui em Oslo; desta vez, sou mais forte que Haakon; por que não aproveitar essa vantagem, é algo tão raro estar do meu lado. (Hesitante.) — Mas agora, nesta noite, imediatamente? Não, não! Não esta noite! Há, há, há! Lá está de novo, a hesitação, a indecisão! Haakon não conhece tais coisas; ele avança direto, e então vence! (Dá alguns passos pelo chão e de repente para diante do berço.) — O filho do rei! Que bela testa! Ele está sonhando. (Cobre a criança com o cobertor e a observa por um longo tempo.) — Um ser como você pode salvar muito na alma de um homem. Eu não tenho filho. (Inclina-se sobre o berço.) — Ele se parece com Haakon. (Afasta-se repentinamente.) — Filho do rei, disse a rainha! Curve-se e o cumprimente como um rei deve ser cumprimentado! Se Haakon morrer antes de mim, este menino será elevado ao trono real; e eu... eu ficarei abaixo dele, me curvando e o saudando como rei! (Em crescente agitação.) — Este menino, o filho de Haakon, se sentará no trono que, talvez, eu esteja mais perto de merecer, e eu estarei aos seus pés, com cabelos brancos, curvado pela velhice, vendo todas as minhas obras de vida inacabadas, morrendo sem nunca ter sido rei! Sou mais forte que Haakon! Há uma tempestade soprando esta noite, o vento está soprando em direção ao fiorde! E se eu tomasse o filho do rei? Posso confiar nos *tronders?* O que Haakon ousaria, se seu filho estivesse em meu poder? Meus homens me seguiriam, lutariam por mim e venceriam. Eu os recompensaria regiamente, e eles o fariam. Que assim seja! O passo final; o abismo atravessado pela primeira vez! Se ao menos eu pudesse ver se você tem os olhos de Sverre... e os de Haakon Sverresson! Ele está dormindo. Não posso ver. (Pausa.) — O sono é uma proteção divina. Durma em paz, pequeno pretendente ao trono! (Caminha até a mesa.) — Haakon deve decidir; mais uma vez, falarei com ele.

MARGRETE entra com o REI HAAKON vindo do aposento à direita.

MARGRETE

— O bispo morreu! Oh, acredite em mim, toda discórdia morreu com ele.

HAAKON

— Vá para a cama, Margrete; você deve estar cansada da viagem.

MARGRETE

— Sim, sim! (Para o duque.) — Pai, seja gentil e compreensivo, Haakon prometeu ser! Mil boas-noites a ambos! (Acena para a porta à esquerda e sai; algumas criadas movem o berço para fora.)

DUQUE SKULE

— Rei Haakon, não podemos nos separar como inimigos desta vez. Todo o mal virá depois; uma era de terror virá sobre o país.

HAAKON

— O país já se acostumou a isso através das gerações; mas veja, Deus está comigo; todo inimigo que se opõe a mim cai. Não há mais *Bagler*, nem *Slittunger*, nem *Ribbunger*; Jon Jarl está morto, Guthorm Ingesson também, Sigurd Ribbung igualmente, — todas as reivindicações apresentadas na reunião do reino em Bergen provaram-se impotentes, — de onde, então, virá o terror agora?

DUQUE SKULE

— Haakon, eu temo que possa vir de mim!

HAAKON

— Quando fui coroado rei, dei a você um terço do reino!

DUQUE SKULE

— Mas... você manteve para si dois terços!

HAAKON

— Você sempre ansiou por mais; aumentei a sua parte. Agora você controla metade do reino.

DUQUE SKULE

— Faltam-me ainda dez áreas marítimas.[26]

---

[26] Do norueguês *Skibreder* que eram distritos, cada um dos quais era responsável por fornecer um navio para a frota.

HAAKON

— Eu fiz de você duque; nenhum homem teve esse título antes na Noruega!

DUQUE SKULE

— Mas você é o rei! Não pode haver rei acima de mim! Não fui feito para servi-lo; preciso governar e comandar sozinho!

HAAKON (olha para ele por um momento e fala friamente)

— Que o céu proteja sua sanidade, duque. Boa noite! (Tenta sair.)

DUQUE SKULE (coloca-se no caminho dele)

— Você não vai se afastar de mim assim! Cuidado, ou eu romperei com você; você não poderá mais ser meu superior. Nós dois devemos dividir!

HAAKON

— Você ousa me dizer isso?

DUQUE SKULE

— Eu vim para Oslo com mais homens que você, Haakon, filho de Haakon.

HAAKON

— Talvez esse seja seu plano.

DUQUE SKULE

— Ouça-me! Lembre-se das palavras do bispo! Vamos dividir; me dê as dez áreas marítimas. Deixe-me governar minha parte como um reino independente, sem impostos nem tributos para você. A Noruega já foi dividida em dois reinos antes. Vamos manter a aliança intacta!

HAAKON

— Duque, você deve estar com sua alma doente para fazer tal exigência!

DUQUE SKULE

— Sim, minha alma está doente, e não há cura para mim em nenhum outro caminho. Nós dois devemos ser iguais; ninguém pode estar acima de mim!

HAAKON

— Cada ilha livre é uma pedra na construção que Harald Harfarger[27] e o Santo Rei Olaf ergueram. E você quer que eu desmantele o que ele uniram? Nunca!

DUQUE SKULE

— Então, vamos alternar no poder; governemos por três anos cada! Você já governou por muito tempo; agora é a minha vez! Vá embora do país por três anos; eu serei o rei durante esse tempo, cuidarei de tudo para o melhor. O fardo de estar sempre em guarda corrói e enfraquece. Haakon, você me ouve – três anos para cada um; vamos alternar na coroa!

HAAKON

— Você acha que minha coroa caberá em sua testa?

DUQUE SKULE

— Nenhuma coroa é grande demais para mim!

HAAKON

— É preciso o julgamento e o chamado de Deus para carregar a coroa.

DUQUE SKULE

— E você tem tanta certeza de que tem o julgamento de Deus?

HAAKON

— Eu tenho a decisão de Deus.

DUQUE SKULE

— Não confie tanto nisso. Se o bispo tivesse falado. No entanto, agora seria inútil; você não acreditaria em mim. Sim, você tem poderosos aliados no alto, mas, ainda assim, eu o desafio! Você não quer dividir o poder real? Muito bem! Então devemos escolher o último caminho. Haakon, vamos lutar, homem contra homem, com armas pesadas, pela vida ou pela morte!

HAAKON

---

[27] Harald Harfager, também conhecido como Harald Cabelo Belo (nórdico antigo: *Haraldr Hárfagri*), foi o primeiro Rei da Noruega unificada. Governando no final do século IX e início do século X, ele é creditado por ter reunido os pequenos reinos e tribos independentes da Noruega sob um único governo, estabelecendo as bases do Reino da Noruega. Seu apelido teria origem em uma promessa de não cortar o cabelo até concluir a unificação. Grande parte das informações sobre Harald provém de fontes lendárias, como as sagas medievais, especialmente na Heimskringla.

— Você está falando sério, duque?

DUQUE SKULE

— Eu falo por minha obra de vida e pela salvação de minha alma!

HAAKON

— Então há pouca esperança.

DUQUE SKULE

— Você não quer lutar comigo? Lute, lute!

HAAKON

— Homem cego! Não posso fazer nada além de lamentar por você. Você acredita que é o chamado do Senhor que o empurra ao trono, mas não vê que é apenas orgulho. O que realmente o atrai? O anel real, a capa com a borda de púrpura, o direito de se sentar três degraus acima do chão? Tão miserável, tão desprezível. Se isso fosse ser rei, eu jogaria a coroa em sua cabeça, como jogaria uma moeda para um mendigo.

DUQUE SKULE

— Você me conhece desde que eu era uma criança, e me julga assim!

HAAKON

— Você tem qualidades sublimes da mente, inteligência e coragem; você foi feito para estar mais próximo do rei, mas não para ser rei.

DUQUE SKULE

— Veremos!

HAAKON

— Diga-me uma única obra real que você realizou, em todos os anos em que governou o reino em meu lugar! Os *Bagler* ou *Ribbunger* foram mais poderosos em qualquer momento que fosse? Você era o homem experiente, mas o país foi devastado por rebeliões. Você derrotou ao menos uma delas? Eu era jovem e inexperiente quando assumi o governo – olhe para mim agora – tudo se acalmou desde que me tornei rei; não há mais *Bagler*, não há mais *Ribbunger*!

DUQUE SKULE

— Isso é do que você menos deveria se orgulhar, pois aí reside o maior perigo. Facção deve se opor a facção, demanda deve confrontar demanda, região contra região, se o rei quiser ser poderoso. Cada aldeia, cada família, deve ou precisar dele ou temê-lo. Se você eliminar toda a desordem, então, ao mesmo tempo, tirará o poder de si mesmo.

HAAKON

— E você quer ser rei!? Você, que julga dessa maneira? Você teria sido um bom líder nos tempos de Erling Skakke; mas o tempo passou por você, e você não o compreende. Não vê que o Reino da Noruega, tal como Harald e Olaf o ergueram, é como uma igreja que ainda não recebeu a consagração? As paredes se elevam com fortes pilares, a abóbada se estende vastamente acima, e a torre aponta para o céu, como o pinheiro na floresta. Mas a vida, o coração pulsante, o fluxo de sangue fresco não atravessa a obra! O sopro vivo de Deus não foi insuflado nela; não foi consagrada. – Eu trarei a consagração! A Noruega era um reino, mas se tornará um povo. Os *Tronders* estavam contra os *Vikvaering,* os *Agdervaering* contra os *Hordalaending*, os *Haalogalaending* contra os *Sogndol*;[28] todos serão um de agora em diante, e todos saberão e entenderão que são um! Essa é a missão que Deus colocou sobre meus ombros; essa é a obra que deve ser realizada pelo Rei da Noruega agora! — E essa obra, duque, eu creio que você a deixaria de lado, pois você não têm força para realizá-la!

DUQUE SKULE (abatido)

— Unir!? Unir os *Tronders* e os *Vikvaerings*, toda a Noruega? (Incrédulo.) — Isso é impossível! Nunca antes a saga da Noruega contou tal coisa!

HAAKON

— Para você, é impossível; pois você só consegue refazer a velha Saga; mas para mim é fácil, tão fácil quanto o falcão rasgar os céus.

DUQUE SKULE (em movimento inquieto)

— Unir todo o povo, – despertá-lo para que se reconheça como um só! De onde tiraram tal ideia estranha? Ela me arrepia e me inflama. (Explodindo.) — Vocês a tiraram do Diabo, Haakon; isso nunca será realizado enquanto eu tiver forças para prender o elmo de aço na minha cabeça!

HAAKON

— Eu tirei a ideia de Deus, e não a abandonarei enquanto usar o anel do Santo Rei Olaf!

DUQUE SKULE

— Então o anel terá de cair!

---

[28] *Tronders, Vikvaering, Agdervaering, Hordalaending, Haalogalaending* e *Sogndol* são termos que designam grupos regionais da antiga Noruega. Cada um representa habitantes de diferentes áreas: *Tronders* do distrito de Trondelag, *Vikvaering* de Viken, *Agdervaering* de Agder, *Hordalaending* de Hordaland, *Haalogalaending* de Halogaland, e *Sogndol* de Sogn. Esses grupos frequentemente se confrontavam em disputas territoriais ou políticas na Noruega medieval.

HAAKON

— Quem causará isso?

DUQUE SKULE

— Eu, se ninguém mais o fizer.

HAAKON

— Você, Skule, estará desarmado no *thin*[29] amanhã.

DUQUE SKULE

— Haakon! Não tente a Deus! Não me empurre para o precipício!

HAAKON (apontando para a porta)

—Vá, senhor… e esqueçamos que falamos palavras duras esta noite.

DUQUE SKULE (olha fixo para Haakon)

— Da próxima vez, as palavras não serão duras… serão afiadas. (Sai pelo fundo.)

HAAKON (após uma breve pausa)

— Ele ameaça! Não, não; isso não vai acontecer. Ele deve, ele vai se submeter e me servir; eu preciso desse braço forte, dessa mente astuta. Quando há coragem, astúcia e força neste país, são habilidades que Deus deu aos homens para me servir; foi para me servir que o Duque Skule recebeu todos esses dons; desafiar-me é desafiar o Céu; é meu dever punir qualquer um que se oponha à vontade do Céu, pois o Céu fez tanto por mim.

DAGFINN (vindo do fundo)

— Senhor, esteja vigilante esta noite; o duque certamente tem más intenções.

HAAKON

— O que você está dizendo?

DAGFINN

---

[29] Lembrando que um *thing* (ou *ting*) era uma assembleia popular comum em várias culturas e regiões nórdicas e germânicas.

— Eu não sei o que ele planeja, mas algo está acontecendo, isso é certo.

HAAKON

— Será que ele está pensando em nos atacar? Impossível, impossível!

DAGFINN

— Não, é outra coisa. Seus navios estão prontos para zarpar; haverá uma reunião no navio.

HAAKON

— Você está enganado! Vá, Dagfinn, e traga-me notícias seguras.

DAGFINN

— Sim, sim; podem confiar em mim. (Sai.)

HAAKON

— Não, isso seria impensável! O duque não ousa se levantar contra mim. Deus não permitirá isso, – Deus, que fez tudo tão maravilhosamente bem para mim até agora. Agora preciso de paz, agora estou prestes a começar! Fiz tão pouco ainda; mas ouço a voz infalível do Senhor gritando dentro de mim: Você deve realizar uma grande obra real na Noruega!

GREGÓRIUS JONSSON (entra pelo fundo)

— Meu senhor e rei!

HAAKON

— Gregórious Jonsson! Você veio até aqui?

GREGÓRIUS JONSSON

— Eu me ofereço como seu homem de confiança; segui o duque até aqui; agora não ouso segui-lo mais.

HAAKON

— O que aconteceu?

GREGÓRIUS JONSSON

— O que nenhum homem acreditará quando o boato se espalhar pelo país.

HAAKON

— Fale, fale!

GREGÓRIUS JONSSON

Tenho medo de ouvir o som das minhas próprias palavras; saiba então... (Agarra-o pelo braço e sussurra algo.)

HAAKON (depois de ouvir, recua com um grito)

— Vocês perderam a razão!

GREGÓRIUS JONSSON

— Deus permita que eu tenha perdido.

HAAKON

— Inacreditável! Não pode ser verdade!

GREGÓRIUS JONSSON

— Pelo precioso sangue de Cristo, é verdade!

HAAKON

— Vá, vá! Mande invocar o *Hirdstaevne*;[30] todos os meus homens devem se reunir!

GREGÓRIUS JONSSON sai.

HAAKON anda para lá e para cá algumas vezes, depois se aproxima rápido da porta do quarto de MARGRETE, bate à porta, continua a andar para cima e para baixo, volta à porta, bate novamente e grita:

— Margrete!

Continua a andar para lá e para cá.

---

[30] *Hirdstaevne* é uma palavra de origem nórdica que se refere a uma reunião ou assembleia do *hird,* que era o grupo de guerreiros ou guardas pessoais do rei ou de um líder nobre durante a era viking e medieval na Noruega. Esses guerreiros, conhecidos como *hirdmen*, formavam uma unidade militar de elite. O *Hirdstaevne* era, portanto, um encontro formal desse grupo, convocado para discutir assuntos militares, estratégicos ou políticos, sob a liderança do rei ou senhor feudal.

MARGRETE surge à porta, em trajes de dormir, com os cabelos soltos; sobre os ombros, uma capa vermelha amarrada, que segura firme sobre o peito.

MARGRETE

— Haakon! É você?

HAAKON

— Sim, sim; você precisa vir aqui fora!

MARGRETE

— Oh, mas então você não deve me olhar; eu já estava deitada.

HAAKON

— Tenho coisas mais importantes para pensar agora.

MARGRETE

— O que aconteceu?

HAAKON

— Dê-me um bom conselho! Acabei de receber a pior de todas as notícias.

MARGRETE (angustiada)

— Que notícia, Haakon?

HAAKON

— Que agora há dois reis na Noruega.

MARGRETE

— Dois reis na Noruega! – Haakon, onde está meu pai?

HAAKON

— Ele se autoproclamou rei a bordo; agora navega para Nídaros para ser coroado.

MARGRETE

— Oh, Deus Todo-Poderoso! (Afunda-se no banco, cobre o rosto com as mãos e chora.)

HAAKON

— Dois reis no país!

MARGRETE

— Meu marido um deles... e meu pai o outro!

Haakon anda inquieto de um lado para o outro.

HAAKON

— Dê-me um bom conselho, Margrete! Devo atravessar Opplandene,[31] chegar primeiro à Trondelag[32] e impedir a coroação? Não, impossível; tenho poucas forças reunidas; lá no norte ele é mais poderoso que eu. Diga-me o que fazer; como posso matar o duque antes que ele chegue a Nídaros?

MARGRETE (implorando, com as mãos postas)

— Haakon, Haakon!

HAAKON

— Você não consegue pensar em um plano inteligente para matar o duque?

MARGRETE (cai de dor do banco e se ajoelha)

— Oh, você esquece que ele é meu pai!

HAAKON

— Seu pai; sim, sim, é verdade; eu havia esquecido. (Levanta-a.) — Sente-se, Margrete; seja corajosa; não chore; você não tem culpa disso. (Vai até a janela.) — O Duque Skule é um inimigo pior do que todos os outros! Deus, Deus, por que me castiga tão duramente, eu, que nada fiz de errado! (Batem à porta no fundo; ele se sobressalta, ouve e grita.) — Quem bate aí fora tão tarde da noite?

VOZ DE INGA (do lado de fora)

---

[31] *Opplandene* refere-se a uma região histórica da Noruega, composta por áreas montanhosas e vales localizadas no interior do país, ao centro-leste do país e ao norte de Oslo. Na Idade Média, era uma área de importância política e estratégica frequentemente mencionada em sagas e documentos históricos.

[32] *Trondelag* é uma região histórica e geográfica no centro da Noruega, dividida em duas partes principais: *Nord-Trondelag* e *Sor-Trondelag*. Historicamente, *Trondelag* foi um dos centros de poder durante a era viking, sendo a região onde está localizada a cidade de Nídaros (atual Trondheim), antiga capital religiosa e política da Noruega.

— Alguém que sente frio, Haakon!

HAAKON (com um grito)

— Minha mãe!

MARGRETE (levanta-se rapidamente)

— Inga!

HAAKON (corre até a porta e a abre; Inga está sentada no degrau da porta)

— Minha mãe! Sentada como um cão do lado de fora da porta do filho! E eu pergunto por que Deus me castiga?

INGA (estende os braços para ele)

— Haakon, meu filho! Bênçãos sobre você!

HAAKON (levantando-a)

— Venha – venha para dentro; aqui há luz e calor!

INGA

— Posso entrar para ver você?

HAAKON

— Nós nunca mais nos separaremos.

INGA

— Meu filho – meu rei, – oh, como você é bom e amoroso! Eu estava escondida em um canto e vi você quando saiu da residência do bispo; você parecia tão triste; não pude me afastar de você dessa maneira!

HAAKON

— Graças a Deus por isso. Você é a melhor pessoa que poderia vir agora! Margrete, – minha mãe, – eu pequei gravemente; fechei meu coração para vocês duas, que são tão ricas em amor.

MARGRETE (jogando-se em seus braços)

— Oh, Haakon, meu amado marido; estou perto de você agora?

HAAKON

— Sim, sim; você está; não para me dar conselhos, mas para iluminar e brilhar em meu caminho. Que venha o que vier, sinto a força do Senhor em mim!

DAGFINN entra apressado pelo fundo.

DAGFINN

— Senhor, senhor! Aconteceu o pior!

HAAKON (sorrindo confiante, enquanto abraça Margrete e Inga)

— Eu sei; mas não há necessidade de desespero, velho Dagfinn! Ainda que haja dois reis na Noruega, só há um no céu... e ele resolverá tudo!

AS CORTINAS CAEM.

QUARTO ATO

O GRANDE SALÃO NO PALÁCIO REAL DE OSLO.

REI SKULE realiza um banquete com sua Guarda e seus Chefes. À frente, à esquerda, está o trono, onde SKULE se senta, ricamente vestido, com um manto púrpura e uma coroa real na cabeça. A mesa do banquete, onde os convidados estão sentados, se estende do trono até o fundo. Em frente a SKULE, estão sentados PAAL FLIDA e BAARD BRATTE. Alguns convidados de posição inferior são servidos de pé, à direita. É tarde da noite; o salão está bastante iluminado. O banquete está chegando ao fim; os homens estão muito alegres e, em parte, embriagados; brindam uns aos outros, riem e falam ao mesmo tempo.

PAAL FLIDA (levanta-se e bate na mesa)

— Silêncio no salão; Jatgeir Skald vai entoar sua canção em homenagem ao *Rei Skule*.

JATGEIR (coloca-se no meio do salão)[33]

— *O Duque Skule convocou a reunião,*

Durante a missa na cidade de Nídaros;

As espadas nos escudos soavam como trovão,

Ecoavam ao coroar Skule, nosso líder mais caro.

O Rei Skule e seus homens os montes cruzaram,

Sua hoste avançava sobre esquis;

---

[33] A métrica desta canção é muito irregular no original, e a linguagem é propositalmente rude. (Nota do tradutor para o inglês: William Archer.)

Os homens de Gudbrandsdal[34] imploraram,

E pagaram o resgate que Skule quis.

O Rei Skule seguiu para o sul, e Miosa[35] tombou,

Os homens de Oppland amaldiçoaram seu estandarte;

O Rei Skule sobre Raumarike[36] avançou,

Até Laaka, no condado de Nannestad.[37]

Era a semana santa de jejum, e ainda assim marcharam

Quando a hoste dos Birkebeiners chegou;

O Conde Knut liderava os homens – e as espadas falaram,

E a disputa pelo trono julgou.

Desde os dias de Sverre, dizem com certeza

Nunca houve combate tão aguerrido;

Brancos antes com sua pureza,

Os campos de vermelho ficaram tingidos.

Os Birkebeiners em debandada fugiram,

Lançaram fora tanto seus escudos e seus machados;

Muitos, porém, nunca mais lutariam,

Pois nos frios no campo de batalha ficaram enterrados.

Ninguém sabe onde o Rei Haakon se esconde;

O Rei Skule, governa sobre as terras e o oceano.

Salve, senhor! Que reine quem deixou de ser conde,

De toda a Noruega é Soberano!

---

[34] Gudbrandsdal é um vale importante na Noruega, localizado na região de Oppland, no sudeste do país. Historicamente, foi uma área de grande importância durante a Idade Média, especialmente em termos de agricultura e comércio. Gudbrandsdal também aparece frequentemente na literatura e nas sagas norueguesas devido à sua relevância geográfica e cultural.

[35] A região de Mjøsa refere-se à área ao redor do lago Mjøsa, que é o maior lago da Noruega. Fica localizado no sudeste do país, abrangendo partes dos condados de Innlandet e Viken.

[36] Raumarike é uma região localizada no sudeste da Noruega, ao norte de Oslo. Historicamente, Raumarike foi uma das mais antigas regiões habitadas da Noruega, mencionada em fontes nórdicas antigas e sagas. Durante a Era Viking e no início da Idade Média, Raumarike era uma região importante e estratégica, conhecida por suas terras férteis e pelo controle de rotas de comércio e comunicação entre o interior e o litoral.

[37] Região rural próxima de Oslo.

OS HOMENS DO REI SKULE levantam-se com grande júbilo, erguem suas canecas e cálices, batem em suas armas.

OS HOMENS DO REI SKULE

— Salve o rei! Que reine por muito tempo, como monarca de toda a Noruega!

REI SKULE

— Obrigado pela canção, Jatgeir Skald! Ela é como eu mais gosto; pois elogia tanto meus homens quanto a mim.

JATGEIR

— É a glória do rei que seus homens possam ser elogiados.

REI SKULE

— Tome este bracelete como recompensa, fique comigo e faça parte da minha corte; quero ter muitos poetas ao meu redor.

JATGEIR

— Será preciso muitos, senhor, se todos os seus feitos forem cantados.

REI SKULE

— Serei três vezes mais generoso que Haakon; a poesia será honrada e recompensada como qualquer outro grande feito, enquanto eu for rei. Sente-se; agora você pertence à minha corte; tudo de que precisar será dado livremente a você.

JATGEIR (senta-se)

— O que mais preciso, logo muito lhe faltará, senhor.

REI SKULE

— O que seria?

JATGEIR

— Inimigos do Rei Skule, cuja fuga e queda eu possa cantar.

MUITOS DOS HOMENS (em meio a risos e aplausos)

— Bem dito, islandês!

PAAL FLIDA (para Jatgeir)

— A canção foi boa; mas, como se sabe, há sempre um toque de mentira em cada obra de um *skald*,[38] e a sua não foi exceção.

JATGEIR

— Mentira, senhor Marechal?

PAAL FLIDA

— Sim; você disse que ninguém sabe onde o Rei Haakon está; isso não é verdade; temos notícias certas de que Haakon está em Nídaros.

REI SKULE (sorri)

— Ele reivindicou a homenagem para o filho real e deu-lhe o título de rei.

JATGEIR

— Isso eu ouvi; mas não sabia que alguém poderia dar o que não possui.

REI SKULE

— É muito mais fácil dar aquilo que não se possui.

BAARD BRATTE

— Mas deve ser difícil mendigar no meio do inverno, de Bergen até Nídaros.

JATGEIR

— As fortunas dos *Birkebeiners* se movem em círculo; começaram com fome e frio, e agora terminam do mesmo jeito.

PAAL FLIDA

— Em Bergen, corre o boato de que Haakon renunciou à Igreja e a tudo que é sagrado; ele não

---

[38] *Skald* era o nome dado aos poetas na Escandinávia durante a Era Viking e a Idade Média. Esses poetas eram responsáveis por compor e recitar poemas épicos, geralmente louvando os feitos de reis, nobres e guerreiros. Os *skalds* frequentemente acompanhavam os reis em suas campanhas e festivais, celebrando suas vitórias e narrando as histórias de batalhas e eventos importantes. Suas composições também poderiam conter críticas sociais, conselhos e reflexões filosóficas. Os poemas *skáldicos* eram complexos, com métricas elaboradas e um uso frequente de metáforas conhecidas como *kennings*.

participou da missa no Dia de Ano Novo.

BAARD BRATTE

— Ele tinha um motivo válido, Paal; passou o dia todo cortando seus cálices e pratos de prata em pedaços. Não tinha mais nada com que pagar sua corte.

Risos e conversas altas entre os convidados.

REI SKULE (levanta seu cálice)

— Bebo por você, Baard Bratte, e agradeço a você e a todos os meus novos homens. Vocês lutaram bravamente por mim em Laaka[39] e têm grande parte na vitória.

BAARD BRATTE

— Foi a primeira vez que lutei sob suas ordens, Senhor; mas logo percebi que é fácil vencer quando um líder como você cavalga à frente da formação. Mas lamento termos matado tantos e os perseguido tão longe; temo que agora demorará muito até que ousem nos enfrentar novamente.

REI SKULE

— Esperem até a primavera chegar, e nós os enfrentaremos novamente, não temam. O Conde Knut está com os remanescentes em Tunsberg,[40] e Arnbjorn Jonsson[41] está reunindo forças a leste, em Viken; quando acharem que têm força suficiente, eles logo se farão ouvir.

BAARD BRATTE

— Eles não ousarão, depois da grande matança em Laaka.

REI SKULE

— Então, os atrairemos com astúcia.

MUITAS VOZES.

— Sim, sim, faça isso, meu senhor!

---

[39] Laaka (*Låka*) é o local onde ocorreu uma batalha importante em 1240, onde as tropas do rei Haakon Haakonsson foram derrotadas pelo conde Skule Bårdsson em 1240. A Batalha de Laaka foi uma das várias confrontações no conflito entre esses dois pretendentes ao trono da Noruega.

[40] Tunsberg (*Tønsberg*) é uma das cidades mais antigas no sul da Noruega, fundada na Era Viking. Durante a Idade Média, foi um importante centro político e comercial, além de ser palco de disputas nas guerras civis norueguesas e sede de reis e nobres.

[41] Foi um nobre *Bagler* que jurou aliança a Haakon em 1217. Ele participou de diversas escaramuças e campanhas ao lado do Rei Haakon. Mesmo em idade avançada, Arnbjørn continuou lutando lealmente por Haakon até sua morte em 1240, após ser ferido em combate contra os homens de Skule Bardsson.

BAARD BRATTE

— O senhor tem grande reserva de astúcia, Rei Skule. Seus inimigos nunca têm aviso antes que o
senhor caia sobre eles, e o senhor sempre aparece onde menos esperam.

PAAL FLIDA

— É por isso que os *Birkebeiners* nos chamam de *Varbelgs*.[42]

REI SKULE

— Outros nos chamam de *Vargbelgs*; mas eu juro que, da próxima vez que nos encontrarmos, os
Birkebeiners descobrirão quão difícil é virar essas peles de lobo do avesso.

BAARD BRATTE

— Eles não vão querer nos enfrentar de livre vontade; será uma perseguição por todo o país.

REI SKULE

— E será isso mesmo. Primeiro, vamos limpar Viken e assegurar o controle dessas partes a leste;
então reuniremos nossos navios, navegaremos pelo Cabo e subiremos a costa até Nídaros.

BAARD BRATTE

— E quando o senhor chegar a Nídaros dessa forma, duvido que os monges neguem a retirar o
relicário[43] de Santo Rei Olaf para o local da assembleia, como fizeram no outono, quando juramos
lealdade.

REI SKULE

— O relicário deve sair; eu vou portar meu título de rei de maneira legítima em todos os aspectos.

JATGEJR.

---

[42] A derivação desta palavra é incerta. Na forma *Varbelgr*, significa "pele de lobo", derivada do islandês *vargr* (lobo) e belgr (pele de um
animal removida inteira.) A forma mais comum, no entanto, é *varbelgt*, que, como sugere P. A. Munch (*Det Norske Folks Historie*, iii. 219),
pode possivelmente vir de var (do inglês *ware*, significando cobertura), sendo talvez uma alusão à falsidade e astúcia da facção. O que Ibsen
entende pelo termo *varbaelgr* não é claro. *Vár* (do islandês *Vár*) significa primavera. O apelido já havia sido aplicado a uma facção política
por volta de 1190, sendo meramente revivido como designação para os seguidores de Skule. (Nota do tradutor para o inglês: William
Archer.)

[43] Um relicário é um objeto, geralmente uma caixa, cofre ou ornamento, utilizado para guardar e proteger relíquias sagradas. Essas relíquias
podem ser restos mortais de santos (como ossos, cabelos ou outras partes do corpo) ou objetos associados a figuras religiosas importantes,
como pedaços de vestimentas ou instrumentos utilizados por eles. Os relicários são comumente encontrados em igrejas e catedrais, onde
servem tanto para a preservação quanto para a veneração dessas relíquias por parte dos fiéis. Muitos relicários são ricamente decorados e
podem ter grande valor artístico e espiritual.

— E eu prometo que cantarei um grande *draapa*[44] quando o senhor matar o "adormecido".

Explosão de risos entre os homens.

REI SKULE

— O "adormecido?

JATGEJR.

— O senhor não sabe, meu senhor, que chamam o Rei Haakon de "Haakon, o Adormecido" porque ele parece estar entorpecido desde que o senhor assumiu o trono?

BAARD BRATTE

— Dizem que ele permanece de olhos fechados. Sem dúvida, ele sonha que ainda é rei.

REI SKULE

— Deixem-no sonhar; ele nunca estará de volta ao trono.

JATGEJR

— Que o sono dele seja longo e sem sonhos, então terei material para um canto.

OS HOMENS

— Sim, sim, façam como o poeta diz!

REI SKULE

— Quando tantos bons homens aconselham da mesma forma, o conselho deve ser bom; mas não falaremos disso agora. No entanto, farei uma promessa: cada um de meus homens herdará as armas, armaduras, ouro e prata do inimigo que matar; e cada homem sucederá nas dignidades daquele que derrubar. Quem matar um barão, será barão; quem matar um chefe, receberá sua chefia; e todos aqueles que já detêm tais dignidades e cargos serão recompensados de outra maneira régia.

OS HOMENS (uivam em júbilo selvagem)

— Viva, viva, viva ao Rei Skule! Que ele nos conduza-nos contra os *Birkebeiners*!

---

[44] No contexto nórdico, *Draapa* é um tipo de poema ou composição poética escandinava da Idade Média, geralmente escrito em louvor a reis ou guerreiros e muitas vezes focado em atos heroicos ou grandes feitos. Estes poemas eram marcados por sua estrutura formal e eram compostos para honrar líderes por suas conquistas ou, em alguns casos, até para zombar de inimigos. Eram obras altamente estilizadas, com complexas aliterações e padrões métricos.

BAARD BRATTE

— Agora temos a garantia de vencer todas as batalhas!

PAAL FLIDA

— Eu quero Dagfinn o Camponês para mim; ele tem uma boa espada, que eu cobiço há muito tempo.

BAARD BRATTE

— Eu ficarei com a cota de malha de Bard Torsteinsson; ela salvou sua vida em Laaka, pois resiste a golpes e estocadas.

JATGEIR

— Não, deixe-me ficar com ela; me serve melhor. Eu lhe darei cinco marcos de ouro em troca.

BAARD BRATTE

— Onde você vai conseguir cinco marcos de ouro, Skald?

JATGEIR

— Eu os pegarei de Gregórius Jonsson quando formos para o norte.

OS HOMENS (falando ao mesmo tempo)

— E eu quero... eu quero... (O resto se perde no tumulto.)

PAAL FLIDA

— Para os seus alojamentos! Lembrem-se de que estão no salão do rei!

OS HOMENS

— Sim, sim! Viva o rei, viva, viva o Rei Skule!

REI SKULE

— Agora, para a cama, bons homens! Ficamos tempo demais à mesa de bebida esta noite.

UM SOLDADO (quando a multidão começa a sair)

— Amanhã tiraremos a sorte para os bens dos *Birkebeiners*.

OUTRO SOLDADO

— Deixemos o acaso decidir!

ALGUNS

— Não, não!

OUTROS

— Sim, sim!

BAARD BRATTE

— Agora os animais famintos estão brigando pela pele do urso.

PAAL FLIDA

— Mas ainda precisam abater o urso!

Todos saem ao fundo.

— — — — — — — —

REI SKULE espera até que o último homem se vá; a tensão em seu rosto relaxa; ele afunda-se em um banco.

REI SKULE

— Como estou cansado, cansado até os ossos! Viver no meio dessa multidão, dia após dia, sorrindo para o futuro como se eu estivesse tão firmemente seguro do meu direito, da vitória e da fortuna. Não ter uma única alma com quem eu possa compartilhar tudo o que me consome tão dolorosamente. (Levanta-se com um olhar de terror.) — E a batalha de Laaka! Que eu tenha vencido ali! Haakon enviou seu exército contra mim; Deus deveria julgar e dividir entre os dois reis – e eu venci, venci como ninguém jamais venceu os *Birkebeiners* antes! Seus escudos estavam cravados na neve, mas não havia ninguém atrás deles; os *Birkebeiners* fugiram para a floresta, correndo pelas planícies, charnecas e colinas, até onde suas pernas os levassem. O impossível aconteceu; Haakon perdeu e eu ganhei!... Há um terror secreto nessa vitória. Ó, grande Deus do céu! Não há então uma lei certa lá em cima, a qual todas as coisas obedecem? O direito não carrega consigo a força da vitória? (Com um desabafo selvagem.) — Eu estou doente, estou doente! Por que o direito não poderia estar do meu lado? Não posso acreditar que o próprio Deus quis me assegurar isso, já que me deixou vencer? (Refletindo.) — As possibilidades são iguais; não há um grão a mais de peso em um lado do que no outro, e ainda assim... (Balança a cabeça.) — Ainda assim a balança pende para Haakon. Quando o pensamento sobre o direito de ser rei me surpreende, é sempre ele, nunca eu, que parece ser o verdadeiro rei. Quando tento me ver como o verdadeiro rei, preciso construir essa imagem com astúcia, como quem ergue uma estrutura engenhosa; tenho que afastar as lembranças e forçar a fé em mim. Não era assim antes. O que aconteceu para me encher de tanta dúvida? A queima da carta? Não, isso apenas tornou a incerteza eterna, mas não maior. Haakon fez algum grande feito real recentemente? Não, ele realizou suas maiores façanhas quando eu menos acreditava nele. (Senta-se, pensativo.) — O que é isso? Ah, estranho! Vem e vai como um fogo-fátuo; dança na ponta da minha língua, como quando se perde uma palavra e não se consegue encontrá-la. (Salta.) — Ah! Agora eu sei! Não! Sim, sim! Agora eu sei! *"— A Noruega foi um reino; será um povo; todos serão um só, e todos saberão, em seus corações, que são um só!"* Desde que Haakon falou essas palavras insanas, ele aparece para mim sempre como o verdadeiro rei. (Sussurra, com um olhar fixo e ansioso.) — E se houvesse um chamado de Deus brilhando nessas palavras estranhas? E se Deus tivesse guardado esse pensamento até agora, e escolhido Haakon como seu semeador?

PAAL FLIDA (entra ao fundo)

— Meu senhor rei, trago-lhe notícias.

REI SKULE

— Notícias?

PAAL FLIDA

— Um homem que veio do fiorde nos informou que os *Birkebeiners* em Tonsberg partiram com seus navios, e muitos homens se reuniram na cidade nos últimos dias.

REI SKULE

— Ótimo, iremos ao encontro deles amanhã.

PAAL FLIDA

— Pode ser, senhor, que os *Birkebeiners* decidam vir ao nosso encontro primeiro.

REI SKULE

— Eles não têm navios suficientes para isso, nem homens.

PAAL FLIDA

— Mas Arnbjorn Jonsson está reunindo tanto homens quanto navios por toda a Viken.

REI SKULE

— Melhor ainda; esmagaremos todos de uma vez, como fizemos em Laaka.

PAAL FLIDA

— Senhor, não é tão fácil derrotar os *Birkebeiners* duas vezes seguidas.

REI SKULE

— E por que não?

PAAL FLIDA

— Porque na história da Noruega não consta que algo assim já tenha acontecido. Devo enviar espiões para Hovedo?

REI SKULE

— Não é necessário; a noite está escura e há nevoeiro no mar.

PAAL FLIDA

— Muito bem, o senhor sabe melhor; mas lembre-se de que todos estão contra você aqui em Viken. Os cidadãos de Oslo o odeiam, e se os *Birkebeiners* chegarem, eles tornar-se-ão aliados.

REI SKULE (animado

— Paal Flida, não seria possível que eu conquistasse os *Vikvaeringers*[45] para o meu lado?

PAAL FLIDA (olha para ele com surpresa e balança a cabeça)

— Não, senhor, creio que não seja possível.

REI SKULE

— E por que não?

PAAL FLIDA

---

[45] Homens de Viken.

— Porque o Senhor já tem os *Tronders* ao seu lado.

REI SKULE

— Eu quero tanto os *Tronders* quanto os *Vikvaeringers*!

PAAL FLIDA

— Não, senhor, isso não pode acontecer!

REI SKULE

— Não é possível? Não pode ser? E por quê? Por quê não?

PAAL FLIDA

— Porque o *Vikvaeringer* é *Vikvaeringer*, e o *Tronder* é *Tronder*; sempre foi assim, e nenhuma saga fala de algo diferente.

REI SKULE

— Sim, sim, você tem razão. Vá.

PAAL FLIDA

— E não devo enviar espiões?

REI SKULE

— Espere até o amanhecer. (PAAL FLIDA sai.) — A história da Noruega não fala de tais coisas; isso nunca aconteceu antes. Paal Flida me responde como eu respondi a Haakon. Será que há degraus tanto para cima quanto para baixo? Haakon se eleva tão alto sobre mim quanto eu me elevo sobre Paal Flida? Será que Haakon tem uma visão para os pensamentos ainda não nascidos, e eu não? Quem se igualava a Harald Harfarger, quando cada promontório tinha seu próprio rei, e ele disse: *"Agora eles cairão, daqui em diante haverá apenas um."* Ele jogou a velha saga ao vento e criou uma nova. (Pausa; ele anda pensativo de um lado para o outro; depois para.) — Pode um homem tomar o chamado de Deus de outro, assim como toma as armas e o ouro de um inimigo derrotado? Pode um pretendente ao trono vestir-se com a missão real de outro, como veste o manto real? O carvalho que é derrubado para ser a madeira de um navio pode dizer: *"Não, eu serei o mastro, farei o trabalho do pinheiro, erguendo-me alto e brilhante, com uma bandeira dourada no topo, espalhando velas brancas ao sol, sendo visto de longe por todos os homens?"* Não, não, ó tronco robusto de carvalho, teu lugar é sob a quilha; lá deves ficar, cumprindo tua função, silencioso e invisível aos olhos daqueles que estão no convés ao sol; és tu quem impedirá o navio de virar na tempestade, enquanto o mastro com a bandeira dourada e as velas infladas o levará adiante, em direção ao novo, ao desconhecido, às terras distantes e à saga do futuro! (Veemente.) — Desde que Haakon pronunciou seu grande pensamento de rei, não vejo outro pensamento no mundo além deste. Se não posso tomar esse pensamento e torná-lo realidade, não vejo outro pensamento pelo qual lutar. (Pensativo.) — E não posso fazer isso? Se eu não posso, de onde vem o meu grande amor pelo pensamento de Haakon?

JATGEIR (entra ao fundo)

— Perdoe-me por vir, meu rei...

REI SKULE

— Você chegou na hora certa, Skald!

JATGEIR

— Ouvi os cidadãos cochichando na hospedaria sobre...

REI SKULE

— Espere com isso. Diga-me, Skald: você, que já viajou por terras estrangeiras, já viu uma mulher amar o filho de outra? Não apenas cuidar dele, — não é isso que quero dizer; mas amá-lo, amá-lo com a mais ardente paixão de sua alma?

JATGEIR

— Somente aquelas mulheres que não têm filhos para amar fazem isso.

REI SKULE

— Somente essas mulheres?

JATGEIR

— E principalmente as mulheres que são estéreis.

REI SKULE

— Principalmente as estéreis...? E elas podem amar os filhos dos outros com toda a paixão?

JATGEIR

— Isso acontece muitas vezes.

REI SKULE

— E não acontece, por vezes, que uma mulher estéril mate o filho de outra, porque não tem nenhum para si?

JATGEIR

— Sim, sim; mas nisso ela age de forma insensata.

REI SKULE

— Insensata?

JATGEIR

— Sim, pois ela dá o presente da dor àquela cujo filho ela mata.

REI SKULE

— Você acha que o presente da dor é algo bom!?

JATGEIR

— Sim, senhor.

REI SKULE (olha fixamente para ele)

— Parece que há dois homens em você, islandês! Quando você está entre os outros no banquete, parece esconder seus pensamentos sob manto e capuz; mas quando alguém está a sós contigo você parece ser daquelas pessoas com quem alguém escolheria como amigo. Por que isso?

JATGEIR

— Quando vais nadar no rio, senhor, não te despes onde as pessoas passam indo à igreja; procuras um lugar mais reservado.

REI SKULE

— Verdade, verdade.

JATGEIR

— Minha alma tem a mesma modéstia; por isso, não me desnudo quando há muitos no salão.

REI SKULE

— Hm. (Breve pausa.) — Diga-me, Jatgeir, como você se tornou um skald? Quem lhe ensinou a arte da poesia?

JATGEIR

— Não se pode ensinar a ser *skald*, senhor.

REI SKULE

— Não se pode ensinar? Como então aconteceu?

JATGEIR

— Recebi o presente da dor, e assim me tornei um *skald*.

REI SKULE

— Então é o presente da dor que o *skald* necessita?

JATGEIR

— Eu precisei da dor; outros podem precisar da fé, ou da alegria, ou até da dúvida.

REI SKULE

— Dúvida também?

JATGEIR

— Sim; mas o duvidoso deve ser forte e saudável.

REI SKULE

— E quem você chamaria de um duvidoso doentio?

JATGEIR

— Aquele que duvida de sua própria dúvida.

REI SKULE (reflexivo)

— Isso me parece a morte.

JATGEIR

— É pior; não é dia, nem é noite.

REI SKULE (rápido, como se sacudisse os pensamentos)

— Onde estão minhas armas? Quero lutar e agir, não pensar. O que era que você queria me dizer quando chegou?

JATGEIR

— Algo que observei na estalagem. Os cidadãos sussurram entre si em segredo, riem com desdém e perguntam se temos certeza de que o Rei Haakon está no oeste; há algo que os diverte.

REI SKULE

— Eles são *Vikvaeringers*, por isso estão contra mim.

JATGEIR

— Zombam do fato de que o relicário do Santo Rei Olaf não pôde ser levado para a Praça do Conselho quando fizemos a homenagem; dizem que isso foi um mau presságio.

REI SKULE

— Da próxima vez que eu for a Nídaros, o relicário será levado! Ele ficará ao ar livre, mesmo que eu tenha de demolir a Igreja de Santo Rei Olaf e expandir a Praça do Conselho sobre o local onde ela ficava!

JATGEIR

— Seria uma grande ação; e eu escreverei um poema sobre isso, tão grandioso quanto o ato em si.

REI SKULE

— Tens muitos poemas ainda não escritos, Jatgeir?

JATGEIR

— Não, mas muitos ainda não nascidos; eles são concebidos, ganham vida, e então nascem.

REI SKULE

— E se eu, que sou o rei e tenho o poder, mandasse te matar, todas as ideias poéticas ainda não nascidas morreriam contigo?

JATGEIR

— Senhor, é um grande pecado matar uma bela ideia.

REI SKULE

— Não pergunto se é pecado... pergunto se é possível!

JATGEIR

— Eu não sei.

REI SKULE

— Nunca tiveste outro *skald* como amigo, e ele nunca lhe contou sobre um grande e glorioso poema que pretendia escrever?

JATGEIR

— Sim, Senhor.

REI SKULE

— E você não desejou matá-lo para tomar a ideia dele e escrever o poema por si mesmo?

JATGEIR

— Senhor, eu não sou estéril; tenho meus próprios filhos; não preciso amar os filhos de outros. (Sai.)

REI SKULE (após uma pausa)

— O islandês é um verdadeiro *skald*. Ele fala a mais profunda verdade de Deus e nem sequer sabe. — Eu sou como uma mulher estéril. Por isso amo o filho da ideia real de Haakon, amo-o com a mais ardente paixão de minha alma. Oh, se ao menos eu pudesse adotá-lo! Mas ele morreria em minhas mãos. O que é melhor, que ele morra em minhas mãos ou que cresça forte nas dele? Encontrarei paz de espírito se isso acontecer? Posso renunciar? Posso assistir enquanto Haakon constrói para si um legado tão grandioso? — Como está vazio e morto dentro de mim, — e ao meu redor. Nenhum amigo. Ah, o islandês! (Vai até a porta e grita.) — O *skald* já saiu do palácio?

UM HOMEM DA GUARDA (de fora)

— Não, Senhor; ele está no vestíbulo conversando com os guardas.

REI SKULE

— Então diga-lhe que volte aqui! (Vai até a mesa; pouco depois, Jatgeir entra.) — Não consigo dormir, Jatgeir; são todos esses grandes pensamentos reais que me mantêm acordado, entende?

JATGEIR

— Compreendo que os pensamentos do rei são como os de um *skald*. Eles voam mais alto e crescem mais rápido quando há silêncio e a escuridão ao redor.

REI SKULE

— Também é assim com os pensamentos do *skald*?

JATGEIR

— Sim, Senhor; nenhum poema nasce à luz do dia; pode ser escrito sob o sol, mas é concebido em uma hora silenciosa e profunda da noite.

REI SKULE

— Quem lhe deu o presente da dor, Jatgeir?

JATGEIR

— A pessoa que eu amava.

REI SKULE

— Então ela morreu?

JATGEIR

— Não, ela me traiu.

REI SKULE

— E foi assim que você se tornou *skald*?

JATGEIR

— Sim, foi assim que me tornei *skald*.

REI SKULE (agarra-o pelo braço)

— Que dom eu preciso para me tornar rei?

JATGEIR

— Não o dom da dúvida, pois se assim fosse, Vossa Majestade não perguntaria.

REI SKULE

— Que dom eu preciso?

JATGEIR

— Senhor... já sois rei.

REI SKULE

— Você sempre tem certeza de que é um *skald*?

JATGEIR (olha para ele em silêncio por um momento e depois pergunta)

— Vossa Majestade nunca amou?

REI SKULE

— Sim, uma vez, com paixão ardente, bela e proibida.

JATGEIR

— Mas Vossa Majestade tem uma esposa.

REI SKULE

— Eu a tomei para me dar filhos.

JATGEIR

— Mas Vossa Majestade tem uma filha, Senhor, — uma filha gentil e esplêndida.

REI SKULE

— Se minha filha fosse um filho, eu não perguntaria a você que dom preciso! Preciso de alguém que me siga sem vontade própria. Que acredite inabalavelmente em mim, que se apegue a mim no bem e no mal, que viva apenas para iluminar e aquecer minha vida, e que morra se eu cair. Dê-me um conselho, Jatgeir Skald!

JATGEIR

— O senhor precisa de um cão.

REI SKULE

— Um ser humano não seria suficiente?

JATGEIR

— Teria que procurar muito por tal pessoa.

REI SKULE (de repente)

— Jatgeir, quer ser isso para mim? Quer ser como um filho para mim? Você herdará a coroa da Noruega. Terá a terra e o reino, se viver para meu legado e acreditar em mim!

JATGEIR

— E o que lhe garantiria que eu não estou fingindo?

REI SKULE

— Renuncie ao seu chamado na vida; nunca mais escreva um poema, então acreditarei em você!

JATGEIR

— Não, Senhor, — isso seria comprar a coroa a um preço muito alto.

REI SKULE

— Pense bem! Ser rei é mais do que ser *skald*!

JATGEIR

— Nem sempre.

REI SKULE

— Seriam apenas os seus poemas não escritos que você teria de sacrificar!

JATGEIR

— Os poemas não escritos são sempre os mais belos.

REI SKULE

— Mas eu preciso! Eu preciso de alguém que acredite em mim! Apenas uma pessoa! Eu sinto isso! Se eu isso tiver, estarei salvo!

JATGEIR

— Acredite em si mesmo, e então estará salvo!

PAAL FLIDA (entra apressado)

— Rei Skule, prepare-se! Haakon Haakonsson está com toda sua frota em Elgjarnes![46]

REI SKULE

— Em Elgjarnes! Ele não está longe então.

JATGEIR

— Agora em aço e armadura! Se houver uma carnificina esta noite, estarei contente em ser o primeiro a cair por Vossa Majestade!

REI SKULE

— Você, que não quis viver por mim!?

JATGEIR

— Um homem pode morrer pelo legado de outro; mas se continuar a viver, deve viver pelo seu próprio. (Sai.)

PAAL FLIDA (impaciente)

— O que ordena que seja feito, senhor? Os *Birkebeiners* podem estar em Oslo dentro de uma hora!

REI SKULE

— O melhor seria se pudéssemos ir ao túmulo de São Tomás Becket; ele ajudou muitas almas angustiadas e arrependidas.

PAAL FLIDA (mais forte)

— Senhor, não fale tolices agora! Os *Birkebeiners* estão sobre nós, digo-lhe!

REI SKULE

— Que todas as igrejas sejam abertas, para que possamos buscar refúgio nelas e obter proteção.

---

[46] Elgjarnes, possivelmente uma localidade na Noruega, próxima ao município de Mandal, na região de Vest-Agder, no extremo sul do país, a cerca de 280 km a sudoeste de Oslo.

PAAL FLIDA

— Vossa Majestade pode derrotar todos os seus inimigos com um só golpe, e ainda quer buscar refúgio nas igrejas?

REI SKULE

— Sim, sim, mantenham todas as igrejas abertas.

PAAL FLIDA

— Pode ter certeza de que Haakon não respeitará o santuário das igrejas quando se trata dos *Vargbelgs*.

REI SKULE

— Ele não faria isso; Deus o protegerá de tal transgressão; Deus sempre protege Haakon.

PAAL FLIDA (com profunda e dolorosa ira)

— Quem ouvir Vossa Majestade agora, poderia perguntar: quem é o rei deste país?

REI SKULE (sorrindo melancolicamente)

— Sim, Paal Flida, essa é a grande questão: quem é o Rei da Noruega?

PAAL FLIDA (suplicando)

— Vossa Majestade está atormentado esta noite, senhor; deixe-me agir por Vossa Majestade.

REI SKULE

— Sim, sim, faça isso!

PAAL FLIDA (indo embora)

— Primeiro, vou destruir todas as pontes.

REI SKULE

— Insensato! Pare! Destruir todas as pontes! Sabe o que isso significa? Eu já tentei isso; cuidado com isso!

PAAL FLIDA

— Então o que ordena, Senhor?

REI SKULE

— Quero falar com Haakon.

PAAL FLIDA

— E ele lhe responderá com a espada!

REI SKULE

— Vá, vá; — depois você saberá minha vontade.

PAAL FLIDA

— Cada momento agora é precioso! (Agarra a mão de Skule.) — Rei Skule, vamos destruir todas as pontes, lutar como lobos e confiar no céu!

REI SKULE (calmo)

— O céu não confia em mim; nem eu ouso confiar no céu.

PAAL FLIDA

— Curta foi a saga dos *Vargbelgs*. (Sai para o fundo.)

REI SKULE

— Cem cabeças inteligentes, mil braços armados estão sob meu comando; mas não tenho um único coração amoroso e fiel! Isso é verdadeira pobreza de rei, nada mais, nada menos.

BAARD BRATTE (da entrada)

— Há pessoas de terras distantes lá fora, pedindo para falar com Vossa Majestade, Senhor.

REI SKULE

— Quem são eles?

BAARD BRATTE

— Uma mulher e um padre.

REI SKULE

— Deixe que entrem.

BAARD BRATTE sai; REI SKULE senta-se, pensativo, à direita. Pouco depois, uma mulher vestida de preto entra. Ela usa um manto, capuz e um véu espesso que oculta seu rosto. Um padre a segue e permanece de pé junto à porta.

REI SKULE

— Quem é você?

A MULHER

— Alguém que você amou.

REI SKULE (balança a cabeça)

— Não me lembro de ter amado alguém. Insisto: quem é você!?

A MULHER

— Alguém que ama você.

REI SKULE

— Então você certamente é uma pessoa morta.

A mulher se aproxima e diz suave e com profundidade:

A MULHER

— Skule Baardsson!

REI SKULE (levanta-se com um grito)

— Ingeborg!

INGEBORG

— Agora você me reconhece, Skule?

REI SKULE

— Ingeborg! Ingeborg!

INGEBORG

— Oh, deixe-me olhar para você – por muito tempo! (Ela agarra suas mãos; uma pausa.)
Você, belo, amado e infiel!

REI SKULE

— Tire o véu; e olhe para mim com estes olhos que já foram tão claros e azuis quanto o céu.

INGEBORG

— Esses olhos têm sido como nuvens de chuva por vinte anos; você não os reconheceria e nunca mais
os verá.

REI SKULE

— Mas sua voz está fresca, suave e jovem como antes!

INGEBORG

— Eu a usei apenas para sussurrar seu nome, para gravar sua grandeza em um coração jovem, e para
orar ao Deus dos pecadores, pedindo misericórdia por nós dois, que amamos em pecado.

REI SKULE

— Você fez isso?

INGEBORG

— Fiquei em silêncio, exceto para falar palavras de amor sobre você; por isso minha voz permaneceu
fresca e jovem.

REI SKULE

— Uma vida inteira nos separa. Eu desperdicei e deixei escapar todas as belas lembranças daqueles
dias.

INGEBORG

— Você tem esse direito.

REI SKULE

— E, enquanto isso, você, Ingeborg, fiel e amorosa, guardou suas memórias na fria solidão do norte!

INGEBORG

— Foi minha felicidade guardar essas memórias.

REI SKULE

— Eu pude deixá-la para ganhar poder e riquezas! Mas, se você estivesse ao meu lado como minha esposa, teria sido mais fácil para mim me tornar rei.

INGEBORG

— Deus foi bom em não permitir que isso acontecesse. Uma alma como a minha precisava de um grande pecado para despertar para o arrependimento e a expiação.

REI SKULE

— E agora você vem?

INGEBORG

— Como a viúva de Andres Skjaldarband.

REI SKULE

— Seu marido está morto!

INGEBORG

— No caminho de Jerusalém.

REI SKULE

— Então ele expiou o assassinato de Vegard.

INGEBORG

— Não foi por isso que meu nobre marido tomou a cruz.

REI SKULE

— Não foi por isso?

INGEBORG

— Não; foi meu pecado que ele carregou em seus ombros fortes e amorosos; foi isso que ele foi lavar no Jordão; foi por isso que ele sangrou.

REI SKULE (baixinho)

— Então ele sabia de tudo?

INGEBORG

— Desde o início. E o Bispo Nicolau sabia, pois eu confessei a ele. E houve um outro que soube, embora eu não possa adivinhar como.

REI SKULE

— Quem?

INGEBORG

— Vegard Vaeradal.

REI SKULE

— Vegard!

INGEBORG

— Ele sussurrou palavras de escárnio sobre mim no ouvido do meu marido; então Andres Skjaldarband sacou sua espada e o matou.

REI SKULE

— Ele protegeu aquela que eu traí e esqueci. E por que você me procura agora?

INGEBORG

— Para lhe oferecer o último sacrifício.

REI SKULE

— O que você quer dizer?

INGEBORG (apontando para o padre que está junto à porta)

— Olhe para ele! Pedro, meu filho, venha aqui!

REI SKULE

— Seu filho!

INGEBORG

— E seu, Rei Skule!

REI SKULE (quase desorientado)

— Ingeborg!

Pedro se aproxima em silêncio e ajoelha-se diante de Skule.

INGEBORG

— Leve-o! Ele foi a luz e o consolo da minha vida por vinte anos; agora você é o Rei da Noruega; o filho do rei deve reivindicar sua herança; eu não tenho mais direito sobre ele.

REI SKULE (levanta-o com grande alegria)

— Venha para o meu coração, você por quem tanto ansiava! (Ele o abraça com força, o solta, olha para ele e o abraça outra vez) — Meu filho! Meu filho! Eu tenho um filho! Há, há, há; quem ousará me desafiar agora! (Ele se volta para Ingeborg e agarra sua mão.) — E você, você o entrega a mim, Ingeborg!? Você não vai retirar sua palavra, vai? Você realmente o entrega a mim?

INGEBORG

— O sacrifício é pesado, e eu mal teria sido capaz de fazê-lo se o Bispo Nicolau não o tivesse enviado a mim com uma carta e notícias da morte de Andres Skjaldarband. Foi o bispo quem impôs este pesado sacrifício sobre mim como expiação por todos os meus pecados.

REI SKULE

— Então o pecado foi apagado; e a partir de agora ele é só meu; não é, só meu?

INGEBORG

— Sim; mas exijo uma promessa de você.

REI SKULE

— Céu e terra, peça o que quiser!

INGEBORG

— Ele é puro como um cordeiro de Deus, agora que o entrego em suas mãos. O caminho até o trono é perigoso; não deixe que ele perca sua alma. Você me ouve, Rei Skule, não deixe meu filho perder sua alma!

REI SKULE

— Eu te prometo e juro isso!

INGEBORG (agarra o braço dele)

— Assim que perceber que ele está em perigo de perder sua alma, deixe-o morrer!

REI SKULE

— Que ele morra! Isso eu prometo e juro!

INGEBORG

— Então partirei em paz para Haalogaland.

REI SKULE

— Sim, você pode partir em paz.

INGEBORG

— Lá, arrependerei e rezarei até que o Senhor me chame. E quando nos encontrarmos diante de Deus, ele virá puro e sem culpa para sua mãe!

REI SKULE

— Puro e sem culpa! (Voltando-se para Pedro.) — Deixe-me olhar para você! Sim, você tem os traços de sua mãe e os meus; você é aquele por quem eu ansiava tão desesperadamente.

PEDRO

— Meu pai, meu grande e glorioso pai; deixe-me viver e lutar por você! Deixe sua causa ser a minha, e seja qual for sua causa, eu sei que lutarei pelo que é justo!

REI SKULE (com um grito de alegria)

— Você acredita em mim! Você acredita em mim!

PEDRO

— Inabalavelmente!

REI SKULE

— Então está tudo bem; estou verdadeiramente salvo! Ouça, você deve abandonar a batina; o arcebispo o libertará de seus votos; o filho do rei deve empunhar a espada e avançar sempre para o poder e a glória.

PEDRO

— Juntos, meu nobre pai! Juntos nós seguiremos!

REI SKULE (abraçando-o)

— Sim, juntos, só nós dois!

INGEBORG (para si mesma)

— Amar, sacrificar tudo e ser esquecida, essa é a saga da mulher. (Sai em silêncio para o fundo.)

REI SKULE

— Agora, uma grande obra real será realizada na Noruega! Pedro, meu filho, ouça! Vamos despertar e unir todo o povo em um só: homens de Viken e Thronders, de Haalogaland e Agder, de Oppland e Sogn, todos serão como uma grande família. Então você verá, o país crescerá em força!

PEDRO

— Que grande e vertiginosa ideia é essa!

REI SKULE

— Você entende?

PEDRO

— Sim, entendo e acredito!

REI SKULE

— Você acredita nela?

PEDRO

— Sim, sim; porque acredito em você!

REI SKULE (intensamente)

— Haakon Haakonsson deve morrer!

PEDRO

— Se é isso que você deseja, então é justo que ele morra.

REI SKULE

— Isso custará sangue; mas que seja.

PEDRO

— O sangue que flui por sua causa não é derramado em vão.

REI SKULE

— Todo o poder será seu quando eu consolidar o reino. Você se sentará no trono, com a coroa na cabeça e o manto púrpura esvoaçando sobre seus ombros; todos os homens do país se curvarão diante de você... (Sons de trombeta são ouvidos ao longe.) Há! O que é isso? (Grita.) — O exército dos *Birkebeiners*! O que foi que Paal Flida disse...? (Corre para o fundo.)

PAAL FLIDA (entra e grita)

— A hora chegou, Rei Skule!

REI SKULE (desorientado)

— Os *Birkebeiners*! O exército do Rei Haakon! Onde estão?

PAAL FLIDA

— Eles estão descendo em milhares sobre Ekeberg.

REI SKULE

— Soem o alarme! Soem, soem! Diga, onde devemos enfrentá-los?

PAAL FLIDA

— Todas as igrejas estão abertas para nós.

REI SKULE

— Pergunto sobre os *Birkebeiners*!

PAAL FLIDA

— Para eles, todas as pontes estão abertas.

REI SKULE

— Maldito homem, o que você fez!

PAAL FLIDA

— Obedeci ao meu rei.

REI SKULE

— Meu filho! Meu filho! Ai de mim; perdi o seu reino!

PEDRO

— Não, você vencerá! Uma ideia tão grandiosa não pode morrer!

REI SKULE

— Cale-se, cale-se! (Sons de trombetas e gritos mais próximo.) — Aos cavalos; às armas! Está em jogo algo mais do que a vida e a morte dos homens! (Corre para o fundo; os outros o seguem.)

— — — — — — — — —

UMA RUA EM OSLO

Casas de madeira baixas com alpendres em ambos os lados. Ao fundo, o Cemitério de São Halvard, cercado por um muro alto com um portão. À esquerda, no final do muro, vê-se a igreja, cuja porta principal está aberta. Ainda é noite, e o dia começa a clarear. O sino de alarme toca; ao longe, à direita, ouvem-se gritos de batalha e barulhos confusos.

O TOCADOR DE TROMBETA DO REI SKULE (entra pela direita, toca sua trompa e grita)

— Às armas! Às armas, todos os homens de Rei Skule!

Ele toca novamente e segue seu caminho; logo ouve-se o som da trombeta e seus gritos na próxima rua.

UMA MULHER (aparece à porta de uma casa à direita)

— Deus misericordioso, o que está acontecendo?

UM CIDADÃO (que sai meio vestido de uma casa do outro lado da rua)

— Os *Birkebeiners* estão na cidade! Agora Skule vai pagar por todos os seus crimes.

UM DOS HOMENS DE SKULE (entra com outros, carregam suas capas e armas nos braços, vindo de uma rua lateral à esquerda)

— Onde estão os *Birkebeiners*?

OUTRO HOMEM DE SKULE (saindo de uma casa à direita)

— Eu não sei!

O PRIMEIRO HOMEM

— Silêncio! Ouçam! Eles devem estar na ponte Gejtebroen.

O SEGUNDO HOMEM

— Para a ponte Gejtebroen[47] então!

Todos correm para a direita; um cidadão entra correndo do mesmo lado.

PRIMEIRO CIDADÃO

— Ei, vizinho, de onde você vem?

---

47 Sem referências históricas.

SEGUNDO CIDADÃO

— Do rio Lo; as coisas estão feias por lá.

A MULHER

— Santo Rei Olaf e São Halvard![48] São os *Birkebeiners* ou quem são?

SEGUNDO CIDADÃO

— Quem mais seria? O Rei Haakon está com eles; a frota inteira está atracando nos cais, mas ele mesmo desembarcou com seus melhores homens em Ekeberg.[49]

PRIMEIRO CIDADÃO

— Então ele vai se vingar pela matança em Laaka!

SEGUNDO CIDADÃO

— Pode apostar nisso!

PRIMEIRO CIDADÃO

— Olhe, olhe! Os *Vargbelgs* já estão fugindo!

Um grupo de homens de Skule entra em fuga pela direita.

UM DOS HOMENS

— Corram para a igreja! Ninguém consegue enfrentar os *Birkebeiners* com a fúria com a qual eles estão lutando!

O grupo corre para a igreja e tranca a porta por dentro.

SEGUNDO CIDADÃO (olha para a direita)

— Eu vejo um estandarte lá no fundo da rua; deve ser o de Rei Haakon.

PRIMEIRO CIDADÃO

---

[48] São Halvard, padroeiro de Oslo, foi martirizado no século XI ao tentar proteger uma mulher injustamente acusada de roubo. Morto por seus perseguidores, seu corpo milagrosamente flutuou, levando à sua canonização e à sua veneração como símbolo de justiça e proteção.
[49] Região da cidade de Oslo.

— Veja, veja como os *Vargbelgs* fogem!

Outro grupo entra correndo pela direita.

UM DOS FUGITIVOS

— Vamos para a igreja e pedir misericórdia! (Eles correm em direção à porta.)

VÁRIOS VARGBELGS

— Está trancado! Está trancado!

O PRIMEIRO

— Subam até Martestokke[50] então!

OUTRO

— Onde está Rei Skule?

O PRIMEIRO

— Eu não sei. Vamos, vejo o estandarte dos *Birkebeiners*!

Eles fogem, passando pela igreja, em direção à esquerda.

REI HAAKON entra pela direita com seu porta-estandarte, GREGÓRIUS JONSSON, DAGFINN e outros homens.

DAGFINN

— Ouçam o grito de guerra! Skule está reunindo seus homens atrás do cemitério da igreja.

UM CIDADÃO VELHO (grita de sua varanda para Haakon)

— Cuidado, querido senhor; os *Vargbelgs* estão furiosos, eles lutam por suas vidas agora!

HAAKON

— É você, velho Guthorm Erlendsson? Você lutou tanto por meu pai quanto por meu avô.

---

[50] Sem referências históricas.

CIDADÃO

— Que Deus me permita lutar por você também.

HAAKON

— Você está velho demais para isso, e não é necessário; homens estão vindo para o meu lado de todos os cantos.

DAGFINN (aponta para fora do muro, à direita)

— Lá vem o estandarte do duque!

GREGÓRIUS JONSSON

— O próprio duque! Ele monta em seu cavalo de guerra branco.

DAGFINN

— Precisamos impedir que ele passe pelo portão aqui!

HAAKON

— Toquem a trombeta! Toquem! (O tocador obedece.) — Você tocava melhor quando tocava por dinheiro no cais de Bergen!

O tocador de trompa toca novamente, mais forte desta vez; muitos homens começam a chegar.

UM VARGBELG (fugindo pela direita em direção à igreja, perseguido por um Birkebeiner)

— Poupe minha vida! Poupe minha vida!

BIRKEBEINER

— Nem que você estivesse no altar! (Ele o corta.) — Parece que você está vestindo um manto caro; isso pode me servir bem. (Ele pega o manto, mas o solta um grito de pavor e joga fora sua espada.) — Meu senhor rei! Não darei mais nenhum golpe por você!

DAGFINN

— Por que você diz isso em um momento como este!?

BIRKEBEINER

— Não darei mais nenhum golpe!

DAGFINN o atravessa com a espada.

BIRKEBEINER (enquanto morre, ele aponta para o *Vargbelg* morto)

— Matei meu próprio irmão. (Morre.)

HAAKON

— Seu irmão!?

DAGFINN

— O quê! (Se aproxima a cavalo do corpo do Vargbelg.)

HAAKON

— É verdade?

DAGFINN

— Sim, sem dúvida.

HAAKON (abalado)

— Aqui vemos que tipo de guerra estamos travando. Irmão contra irmão, pai contra filho; por Deus Todo-Poderoso, isso precisa acabar!

GREGÓRIUS JONSSON

— O duque está vindo, em plena batalha com as tropas de Conde Knut!

DAGFINN

— Fechem o portão para ele, homens do rei Hakoon!

Do outro lado da muralha, os combatentes aparecem. Os *Vargbelgs* estão abrindo caminho à esquerda, empurrando os *Birkebeiners*, que recuam passo a passo. O REI SKULE cavalga em seu cavalo de guerra branco, com a espada desembainhada. PEDRO caminha ao seu lado, segurando as rédeas do cavalo com uma mão e erguendo um crucifixo com a outra. PAAL FLIDA carrega o estandarte de Skule, azul, com um leão dourado em pé, sem o machado.

REI SKULE

— Matem todos! Não poupem ninguém! Há um novo herdeiro ao trono da Noruega!

Birkebeiners

— Um novo herdeiro, ele disse?

HAAKON

— Skule Bardsson, vamos dividir o reino!

REI SKULE

— Tudo ou nada!

HAAKON

— Pense na rainha, sua filha!

REI SKULE

— Eu tenho um filho, eu tenho um filho! Não penso em mais ninguém além dele!

HAAKON

— Eu também tenho um filho; se eu cair, o reino será dele!

REI SKULE

— Matem o filho do rei onde quer que o encontrem! Matem-no no trono; matem-no no altar; matem-no, matem-no nos braços da rainha!

HAAKON

— Com isso, você pronunciou sua própria sentença!

O REI SKULE golpeia ao seu redor.

REI SKULE

— Matem, matem todos! O Rei Skule tem um filho! Matem, matem!

A luta se afasta para a esquerda.

GREGÓRIUS JONSSON

— Os *Vargbelgs* estão abrindo caminho!

DAGFINN

— Sim, mas apenas para fugir.

GREGÓRIUS JONSSON

— Sim, por Deus, o outro portão está aberto; eles já estão fugindo!

DAGFINN

— Em direção a Martestokke. (Grita.) — Atrás deles, Conde Knut! Vingue-se da carnificina em Laaka!

HAAKON

— Vocês ouviram: ele proclamou meu filho um fora da lei, meu filho inocente, o rei escolhido da Noruega após mim!

HOMENS DO REI

— Sim, sim, nós ouvimos!

HAAKON

— E qual é o castigo para tal crime?

HOMENS

— A morte!

HAAKON

— Então ele deve morrer! (Levanta a mão para fazer um juramento.) — Aqui eu juro: Skule Baardsson deve morrer, onde quer que seja encontrado em solo profano!

DAGFINN

— É dever de todo homem fiel matá-lo.

UM BIRKEBEINER (vindo da esquerda)

— O Duque Skule fugiu!

CIDADÃOS

— Os *Birkebeiners* venceram!

HAAKON

— Para onde ele foi?

BIRKEBEINER

— Passou por Martestokke, em direção a Eidsvold; a maioria dos homens tinha seus cavalos esperando nas ruas de cima, do contrário, nenhum teria escapado com vida.

HAAKON

— Graças a Deus que nos ajudou mais uma vez! Agora a rainha pode desembarcar da frota em segurança.

GREGÓRIUS JONSSON (aponta para a direita)

— Ela já desembarcou, meu senhor; ali vem ela!

HAAKON (para os que estão mais próximos)

— A tarefa mais difícil ainda está por vir; ela é uma filha amorosa... ouçam, não digam uma palavra a ela sobre o perigo que ameaça seu filho. Jurem-me, todos vocês, que protegerão o filho do seu rei; mas não deixem que ela saiba de nada.

HOMENS (em voz baixa)

— Nós juramos!

MARGRETE (entra, com damas e acompanhantes, pela direita)

— Haakon, meu marido! O Céu te protegeu; você venceu e está ileso!

HAAKON

— Sim, eu venci. Onde está a criança?

MARGRETE

— A bordo do navio real, nas mãos de homens confiáveis.

HAAKON

— Vão mais alguns de vocês até lá. (Alguns dos homens saem.)

MARGRETE

— Haakon, onde está o Duque Skule?

HAAKON

— Ele foi para as Terras Altas.

MARGRETE

— Ele vive, então! Meu marido, posso agradecer a Deus por ele estar vivo?

HAAKON (com agitação dolorosa)

— Ouça-me, Margrete: você tem sido uma esposa fiel para mim, me seguiu no bem e no mal, foi incrivelmente rica em amor... Agora, devo causar-lhe uma grande dor. Eu não gostaria de fazê-lo; mas sou rei, e por isso devo...

MARGRETE (em suspense)

— Isso tem a ver com o meu pai?

HAAKON

— Sim. Nenhuma sorte mais amarga poderia me acometer do que viver minha vida longe de você; mas se você sentir que, depois do que vou lhe dizer, não pode mais se sentar ao meu lado, não pode mais me olhar sem empalidecer... então devemos nos separar, viver cada um por si, e eu não a culparei por isso.

MARGRETE

— Separar-me de você! Como pode pensar algo assim? Dê-me sua mão!

HAAKON

— Não a toque! Ela foi levantada recentemente para um juramento...

MARGRETE

— Um juramento?

HAAKON

— Um juramento que selou, como um selo inviolável, uma sentença de morte.

MARGRETE (com um grito)

— Meu pai! Ó, meu pai! (Cambaleia; duas mulheres correm para ampará-la.)

HAAKON

— Sim, Margrete… como rei, eu condenei seu pai à morte.

MARGRETE

— Então eu sei que ele cometeu um crime ainda maior do que quando tomou o título de rei.

HAAKON

— Sim, cometeu... E agora, se você acha que devemos nos separar, que assim seja.

MARGRETE (aproxima-se dele, firme)

— Nós nunca nos separaremos! Eu sou sua esposa, nada mais no mundo além de sua esposa!

HAAKON

— Você é forte o suficiente? Ouviu e entendeu tudo? Eu condenei seu pai.

MARGRETE

— Eu ouvi e entendi. Você condenou meu pai.

HAAKON

— E você não quer saber qual foi o crime dele?

MARGRETE

— Basta que você o conheça.

HAAKON

— Mas foi à morte que eu o condenei!

MARGRETE (ajoelha-se diante do rei e beija sua mão)

— Meu marido e nobre senhor, aceito seu julgamento pois sei que ele é justo!

CAEM AS CORTINAS

QUINTO ATO

UM QUARTO NO PALÁCIO EM NÍDAROS.

A porta de entrada está à direita; à esquerda, uma porta menor. Já é noite. PAAL FLIDA, BARD BRATTE e vários dos principais seguidores do REI SKULE estão de pé perto da janela, olhando para cima.

UM SOLDADO.

— Como a lua brilha intensamente!

OUTRO SOLDADO

— Estende-se por metade do céu, como uma espada flamejante.

BARD BRATTE.

— Santo Rei Olaf, o que esse sinal de terror prenuncia?

UM VELHO VARBELG

— Com certeza prenuncia a morte de um grande chefe.

PAAL FLIDA

— A morte de Haakon, meus bons *Varbelgs*. Ele está com sua frota no fiorde; podemos esperar sua chegada à cidade esta noite. Desta vez, é a nossa vez de conquistar!

BARD BRATTE

— Não confie nisso; há pouco ânimo no exército agora.

O VELHO VARBELG

— E com razão; desde a fuga de Oslo, o REI SKULE se trancou e não quer ver nem falar com seus homens.

O PRIMEIRO SOLDADO

— Há pessoas na cidade que nem sabem se ele está vivo ou morto.

PAAL FLIDA

— O rei precisa sair, por mais doente que esteja. Fale com ele, Bard Bratte, a segurança de todos está em jogo.

BARD BRATTE

— Não adianta; já falei com ele antes.

PAAL FLIDA

— Então devo tentar o que posso fazer. (Vai até a porta à esquerda e bate.) — Senhor rei, você precisa assumir o comando; as coisas não podem continuar assim.

REI SKULE (de dentro)

— Estou doente, PAAL FLIDA.

PAAL FLIDA

— O que mais você esperava? Você não come há dois dias; precisa se alimentar e se fortalecer.

REI SKULE

— Estou doente.

PAAL FLIDA

— Pelo Todo-Poderoso, este não é o momento para doenças. O Rei Haakon está no fiorde e pode chegar a Nídaros a qualquer momento.

REI SKULE

— Derrote-o por mim! Mate-o e seu filho, a criança real, também!

PAAL FLIDA

— Você precisa vir conosco, meu senhor!

REI SKULE

— Não, não, não! Vocês têm mais chances de sorte e vitória sem mim.

PEDRO (entra pela direita; ele está armado)

— O povo da cidade está inquieto; eles se reúnem em grandes grupos em frente ao palácio.

BARD BRATTE

— A menos que o Rei Skule fale com eles, eles o abandonarão na hora da necessidade.

PEDRO

— Então ele precisa falar com eles. (Na porta à esquerda.) — Pai! Os *Tronders*, seus súditos mais leais, o abandonarão se você não lhes der coragem.

REI SKULE

— O que o *skald* disse?

PEDRO

— O *skald*?

REI SKULE

— O *skald* que morreu por minha causa em Oslo. Um homem não podia dar o que ele mesmo não possuía, ele disse.

PEDRO

— Então você também não pode entregar o reino, pois ele é meu depois de você!

REI SKULE

— Agora eu vou!

PAAL FLIDA

— Graças a Deus!

REI SKULE (aparece na porta; ele está pálido e abatido; seu cabelo ficou muito grisalho)

— Não olhem para mim! Eu não quero que me vejam quando estou doente! (Vai até PEDRO.) — Tirar o reino de você, disse você? Grande Deus no céu, o que eu estava prestes a fazer!

PEDRO

— Oh, perdoe-me; eu sei que o que você faz é sempre o certo.

REI SKULE

— Não, não, até agora não; mas agora eu serei forte e saudável. Eu vou agir!

GRITOS ALTOS (de fora, à direita)

— REI SKULE! REI SKULE!

REI SKULE

— O que é isso?

BARD BRATTE (na janela)

— O povo da cidade está se reunindo; todo o pátio está cheio de gente; você precisa falar com eles.

REI SKULE

— Pareço um rei? Posso falar agora?

PEDRO

— Você deve, meu nobre pai!

REI SKULE

— Bem, que assim seja. (Vai até a janela e puxa a cortina de lado, mas a solta rapidamente e recua aterrorizado.) — A espada flamejante está sobre mim novamente!

PAAL FLIDA

— Isso significa que a espada da vitória está desembainhada por você.

REI SKULE

— Ah, se ao menos fosse isso! (*Vai até a janela e fala.*) — *Tronders*, o que querem? Aqui está o vosso rei.

UM CIDADÃO (de fora)

— Saia da cidade! Os *Birkebeiners* queimarão e matarão se o encontrarem aqui.

REI SKULE

— Devemos todos nos manter unidos. Fui um rei generoso para vocês; exigi poucos impostos de guerra...

UMA VOZ DE HOMEM (no meio da multidão)

— Como chama todo o sangue que foi derramado em Laaka e Oslo?

UMA MULHER

— Devolva-me meu noivo!

UM MENINO

— Devolva-me meu pai e meu irmão!

OUTRA MULHER

— Devolva-me meus três filhos, Rei Skule!

UM HOMEM

— Ele não é rei; ele não foi consagrado no santuário do Santo Rei Olaf!

MUITAS VOZES

— Não, não, ele não foi consagrado no santuário do Santo Rei Olaf! Ele não é rei!

REI SKULE (se encolhe atrás da cortina)

— Não consagrado! Não sou rei!

PAAL FLIDA

— Foi uma terrível má sorte o santuário não ter sido trazido quando você foi escolhido.

BARD BRATTE

— Se o povo da cidade nos abandonar, não poderemos defender Nídaros quando os *Birkebeiners* chegarem.

REI SKULE

— E eles nos abandonarão enquanto eu não for homenageado com o relicário do Santo.

PEDRO

— Então que o relicário seja trazido, e receba nossa homenagem agora!

PAAL FLIDA (balançando a cabeça)

— Como isso seria possível?

PEDRO

— Há algo impossível, quando se trata dele? Soem o chamado para a assembleia popular e tragam o santuário!

VÁRIOS DOS HOMENS (recuando)

— Sacrilégio!

PEDRO

— Não é sacrilégio! Venham, venham! Os monges estão bem dispostos para com o Rei Skule; eles nos concederão.

PAAL FLIDA

— Não o farão; não ousariam, por causa do arcebispo.

PEDRO

— Vocês são homens do rei, e não vão ajudar quando uma causa tão grande está em jogo? Bem, há outros lá embaixo com mais boa vontade. Meu pai e rei, os monges cederão; eu rezarei, eu implorarei; soem a convocação para a assembleia popular; você será reconhecido como rei por direito. (Sai correndo para a direita.)

REI SKULE (radiante de alegria)

— Vocês o viram? Viram meu valente filho? Como seus olhos brilhavam! Sim, nós todos lutaremos e venceremos. Quão fortes são os *Birkebeiners*?

PAAL FLIDA

— Não tão fortes que não possamos derrotá-los, se os cidadãos estiverem do nosso lado!

REI SKULE

— Eles estarão do nosso lado. Todos devemos estar unidos agora e pôr fim a este tempo de terror. Não veem que é uma ordem dos céus que devemos acabar com isso? O céu está irado com toda a Noruega pelos atos que têm sido praticados por tanto tempo. Uma espada flamejante brilha noite após noite no céu; mulheres desmaiam e dão à luz nas igrejas; uma loucura se espalha entre padres e monges, fazendo-os correr pelas ruas e proclamar que o fim dos tempos chegou. Sim, pelo Todo-Poderoso, isso terminará com um único golpe!

PAAL FLIDA

— Quais são suas ordens?

REI SKULE

— Todas as pontes devem ser destruídas!

PAAL FLIDA

— Vá e destrua todas as pontes. (Um dos guardas sai pela direita.)

REI SKULE

— Reúna todos os nossos homens no cais; nenhum *Birkebeiner* deve pisar em Nídaros.

PAAL FLIDA

— Bem dito, rei.

REI SKULE

— Quando o relicário for trazido, um *folkmote* será convocado. O exército e os cidadãos serão chamados.

PAAL FLIDA (para um dos homens)

— Vá e mande o tocador de trompa soar seu instrumento em todas as ruas.

REI SKULE (dirigindo-se ao povo pela janela)

— Fiquem firmes ao meu lado, todo o meu povo sofredor. A paz e a luz voltarão à terra mais uma vez, assim como nos primeiros dias felizes de Haakon, quando os campos produziam duas colheitas a cada verão. Fiquem firmes ao meu lado; acreditem em mim e confiem em mim; é isso que eu preciso tão imensamente. Eu vigiarei por vocês e lutarei por vocês; sangrarei e cairei por vocês, se necessário; mas não me abandonem e não duvidem de mim! (Gritos altos, como de terror, são ouvidos entre o povo.) — O que é isso!?

UMA VOZ SELVAGEM

— Expiação! Expiação!

BAARD BRATTE (olhando para fora)

— É um padre possuído pelo demônio!

PAAL FLIDA

— Ele está rasgando seu manto em pedaços e se chicoteando com um flagelo.

A VOZ

— Expiação, expiação! O fim dos tempos chegou!

MUITAS VOZES

— Fujam, fujam! Ai de Nídaros! Um ato pecaminoso!

REI SKULE

— O que aconteceu?

BAARD BRATTE

— Todos estão fugindo, todos recuam como se uma fera selvagem estivesse no meio deles.

REI SKULE (com um grito de alegria)

— Ha! Não importa. Estamos salvos! Vejam, vejam: o relicário do Santo Rei Olaf está no meio do pátio!

PAAL FLIDA

— O relicário de Santo Rei Olaf!

BAARD BRATTE

— Sim, pelos céus, lá está ele!

REI SKULE

— Os monges são leais a mim; nunca antes realizaram um ato tão grandioso!

PAAL FLIDA

— Ouçam! O chamado para o *folkmote*!

REI SKULE

— Agora serei legitimamente aclamado.

PEDRO (entra pela direita)

— Coloque seu manto real; o relicário já está lá fora.

REI SKULE

— Então você salvou o reino para mim e para você; e dez vezes agradecerei aos piedosos monges por terem cedido.

PEDRO

— Os monges, pai... você não tem nada a agradecer a eles?

REI SKULE

— Não foram eles que o ajudaram?

PEDRO

— Eles lançaram a maldição da Igreja sobre qualquer um que ousasse tocar na coisa sagrada.

REI SKULE

— Então foi o arcebispo! Finalmente ele cedeu.

PEDRO

— O arcebispo lançou maldições ainda piores do que os monges.

REI SKULE

— Ah, então vejo que ainda tenho homens leais. Vocês aqui, que deveriam ter sido os primeiros a me servir, ficaram aterrorizados e recuaram, mas lá embaixo, na multidão, tenho amigos que, por minha causa, não temem cometer um pecado.

PEDRO

— Você não tem um único homem leal que ousou cometer esse pecado.

REI SKULE

— Deus Todo-Poderoso! Então ocorreu um milagre? Quem trouxe a coisa sagrada?

PEDRO

— Fui eu, meu pai!

REI SKULE (grita)

— Você!

OS HOMENS (recuam, horrorizados)

— Saqueador de igreja!

PAAL FLIDA, BAARD BRATTE e alguns outros saem.

PEDRO

— O feito precisava ser realizado. A lealdade de nenhum homem pode ser confiável até que você seja radicalmente obedecido. Roguei, implorei aos Irmãos da Cruz, mas nada ajudou. Então, eu arrombei a porta da igreja; ninguém ousou me seguir. Corri até o altar-mor, agarrei a alça e pressionei com os joelhos; parecia que uma força misteriosa me dava mais força do que a humana. O relicário se soltou, e eu o arrastei pelo corredor da igreja, enquanto a maldição rugia como uma tempestade sob as abóbadas. Eu o arrastei para fora da igreja; todos fugiram e se afastaram de mim. Quando cheguei ao meio do pátio do palácio, a alça quebrou; e aqui está! (Levanta a alça no ar.)

REI SKULE (calmo, aterrorizado)

— Saqueador da Santa igreja!

PEDRO

— Fiz isso por você; pela sua grande ideia de realeza! Mas você apagará o pecado; tudo o que é ruim será apagado. Luz e paz te seguirão; um dia radiante surgirá sobre o reino; que importa, então, se uma noite de tempestade veio antes?

REI SKULE

— Quando sua mãe o trouxe para mim, havia como que um halo de santidade em torno de sua cabeça; agora, parece-me que vejo o brilho da maldição.

PEDRO

— Pai, pai, não pense em mim; não tema por meu destino. Não foi a sua vontade que eu cumpri? Como isso pode ser uma culpa minha?

REI SKULE

— Eu desejava sua fé em mim, e essa fé se tornou um pecado.

PEDRO (desesperado)

— Pelo seu bem, pelo seu bem! Deus não pode deixar de perdoar!

REI SKULE

— "Puro e sem culpa"! Eu jurei a Ingeborg... e ele zomba dos céus!

PAAL FLIDA (entrando)

— Está tudo em caos! O ato impiedoso aterrorizou seus homens; eles estão fugindo para as igrejas.

REI SKULE

— Eles precisam sair! Devem sair!

BAARD BRATTE (entrando)

— Os cidadãos se rebelaram contra você; estão matando os Varbelgs onde quer que os encontrem, nas ruas e nas casas!

UM SOLDADO (entrando)

— Os *Birkebeiners* estão subindo o rio!

REI SKULE

— Reúnam todos os meus homens! Nenhum deve me abandonar agora!

PAAL FLIDA

— Não adianta; eles estão paralisados de medo.

REI SKULE (desesperado)

— Mas eu não posso cair agora! Meu filho não deve morrer com um pecado mortal em sua alma!

PEDRO

— Não pense em mim; é apenas de você que devemos cuidar. Vamos para Indherred; lá, todos os homens são fiéis a você!

REI SKULE

— Sim, fujamos! Sigam-me, aqueles que quiserem salvar suas vidas!

BAARD BRATTE

— Por qual caminho?

REI SKULE

— Pela ponte!

PAAL FLIDA

— Todas as pontes foram destruídas, senhor.

REI SKULE

— Destruídas? Todas as pontes destruídas, você diz?

PAAL FLIDA

— Se você as tivesse destruído em Oslo, poderia tê-las deixado de pé em Nídaros.

REI SKULE

— Devemos atravessar o rio mesmo assim; nossas vidas e nossas almas precisam ser salvas! Para a fuga! Para a fuga!

REI SKULE e PEDRO correm para a esquerda.

BAARD BRATTE

— Sim, é melhor fugir do que cair nas mãos dos cidadãos e dos *Birkebeiners*.

PAAL FLIDA

— Em nome de Deus, então, para a fuga!

Todos seguem SKULE.

O quarto fica vazio por um curto período; ouvem-se sons distantes e confusos vindos das ruas; então, um grupo de cidadãos armados entra pela porta à direita.

UM CIDADÃO.

— Aqui! Ele deve estar aqui!

OUTRO CIDADÃO.

— Matem-no!

MUITOS.

— Matem também o saqueador da igreja!

UM ÚNICO CIDADÃO.

— Procedam com cautela! Eles ainda podem contra-atacar!

O PRIMEIRO CIDADÃO.

— Não é necessário; os *Birkebeiners* já estão subindo a rua.

UM CIDADÃO (entrando)

— Muito tarde; o Rei Skule fugiu!

MUITOS.

— Para onde? Para onde?

O NOVO CHEGADO.

— Acho que ele fugiu para uma das igrejas; elas estão cheias de *Varbelgs*.

O PRIMEIRO CIDADÃO.

— Então vamos procurá-lo; o Rei Haakon dará grandes recompensas a quem matar Skule.

OUTRO.

— Aí vêm os *Birkebeiners*.

UM TERCEIRO.

— O próprio Rei Haakon!

MUITOS NA MULTIDÃO (gritam)

— Salve o Rei Haakon Haakonsson!

HAAKON (entra pela direita, seguido por GREGÓRIUS JONSSON, DAGFINN e muitos outros)

— Ah, agora vocês estão humildes, *Tronders*; por tempo demais resistiram a mim.

O PRIMEIRO CIDADÃO (ajoelha-se)

— Misericórdia, senhor! Skule Baardsson nos oprimiu severamente!

OUTRO (também ajoelha-se)

— Ele nos forçou, senão nunca o teríamos seguido.

O PRIMEIRO.

— Ele tomou nossos bens e nos obrigou a lutar por sua causa injusta.

O SEGUNDO.

— Ai de nós, nobre rei, ele foi uma praga tanto para seus amigos quanto para seus inimigos.

MUITAS VOZES.

— Sim, sim, Skule Baardsson foi uma praga para todo o reino.

DAGFINN

— Isso, ao menos, é verdade.

HAAKON

— Muito bem; falarei com vocês, cidadãos, mais tarde; pretendo punir severamente todas as transgressões; mas primeiro, há outras questões a serem tratadas. Alguém sabe onde está Skule Baardsson?

MUITOS.

— Em uma das igrejas, senhor!

HAAKON

— Vocês têm certeza disso?

OS CIDADÃOS.

— Sim, todos os *Varbelgs* estão lá.

HAAKON (baixinho, para DAGFINN)

— Ele deve ser encontrado; coloquem guardas em todas as igrejas da cidade.

DAGFINN

— E quando ele for encontrado, deve ser executado sem demora.

HAAKON (baixinho)

— Executado? Dagfinn, Dagfinn, como isso me parece pesado.

DAGFINN

— Senhor, o senhor jurou solenemente em Oslo.

HAAKON

— E cada homem no país exigirá sua morte. (Vira-se para GREGÓRIUS JONSSON, sem ser ouvido pelos outros.) — Vá; você já foi amigo dele; procure-o e faça com que ele fuja do país.

GREGÓRIUS JONSSON (alegre)

— O senhor permitirá isso, meu senhor?

HAAKON

— Por causa da minha piedosa e amada esposa.

GREGÓRIUS JONSSON

— Mas e se ele não fugir? Se ele não quiser ou não puder?

HAAKON

— Em nome de Deus, então também não poderei poupá-lo; minha palavra como rei deve permanecer. Vá!

GREGÓRIUS JONSSON

— Eu vou e farei o meu melhor. Que o Céu permita que eu tenha sucesso. (Sai para a direita)

HAAKON

— Você, Dagfinn, vá com homens de confiança até o navio real; vocês devem conduzir a rainha e o herdeiro até o convento de *Elgeseter*.

DAGFINN BONDE

— Senhor, acha que ela estará segura lá?

HAAKON

— Ela não estará mais segura em nenhum outro lugar. Os *Vargbelgs* se fecharam nas igrejas, e ela tem implorado muito; sua mãe está em Elgeseter.

DAGFINN

— Sim, sim, eu sei disso.

HAAKON

— Saúda a rainha com todo o meu carinho; e também saúda a LADY RAGNHILD Pode dizer a elas que, assim que os *Vargbelgs* se renderem e receberem o perdão, todos os sinos de Nídaros serão tocados, como sinal de que a paz voltou à terra. Vocês, cidadãos, deverão prestar contas a mim amanhã e receberão punição, cada um conforme seus atos. (Sai com seus homens)

PRIMEIRO CIDADÃO

— Ai de nós amanhã!

SEGUNDO CIDADÃO

— Teremos uma grande conta a acertar.

PRIMEIRO CIDADÃO

— Nós, que fomos contra Haakon por tanto tempo que participamos da aclamação de Skule, quando ele tomou o título de rei.

SEGUNDO CIDADÃO

— Que demos a Skule tanto navios quanto forças de guerra, que compramos todos os bens que ele saqueou dos administradores de Haakon.

PRIMEIRO CIDADÃO

— Sim, ai de nós amanhã!

UM CIDADÃO (entra apressadamente pela esquerda)

— Onde está Haakon? Onde está o rei?

PRIMEIRO CIDADÃO

— O que você quer com ele?

O RECÉM-CHEGADO

— Trazer-lhe uma mensagem importante.

VÁRIOS

— Qual mensagem?

O RECÉM-CHEGADO

— Não a direi a ninguém além do próprio rei.

VÁRIOS

— Sim, diga-nos, diga-nos!

O RECÉM-CHEGADO

— Skule Baardsson está fugindo em direção a Elgeseter.

PRIMEIRO CIDADÃO

— Impossível! Ele está em uma das igrejas.

O RECÉM-CHEGADO

— Não, não; ele e seu filho atravessaram o rio em uma barca.

PRIMEIRO CIDADÃO

— Ah, então podemos nos salvar da ira de Haakon.

SEGUNDO CIDADÃO

— Sim, vamos imediatamente informá-lo de onde está Skule.

PRIMEIRO CIDADÃO

— Não, melhor que isso; não diremos nada, mas nós mesmos vamos até Elgeseter e mataremos Skule.

SEGUNDO CIDADÃO

—Sim, sim, faremos isso!

TERCEIRO CIDADÃO

— Mas muitos *Vargbelgs* não atravessaram o rio com ele?

O RECÉM-CHEGADO

— Não, havia poucos homens no barco.

PRIMEIRO CIDADÃO

— Vamos nos armar o melhor que pudermos. Ah, agora os cidadãos estão salvos! Não digam a ninguém o que estamos fazendo; somos fortes o suficientes. E agora, vamos para Elgeseter!

TODOS (baixinho)

— Sim, vamos para Elgeseter!

Eles saem apressados, mas cautelosos, pela esquerda.

————————

FLORESTA DE PINHEIROS NAS COLINAS ACIMA DE Nídaros.

É noite de luar; mas a noite está enevoada, de modo que o fundo só é visto indistintamente, e às vezes quase não aparece. Troncos de árvores e grandes pedras estão espalhados ao redor. O REI SKULE, PEDRO, PAAL FLIDA, BAARD BRATTE e vários *Vargbelgs* entram pela floresta, vindos da esquerda.

PEDRO

— Venha, meu pai, e descanse!

REI SKULE

— Sim, deixe-me descansar, descansar. (Senta-se em uma pedra.)

PEDRO

— Como está se sentindo, meu rei?

REI SKULE

— Estou faminto! Estou doente, doente! Vejo as sombras dos mortos!

PEDRO (levanta-se de um salto)

— Ajudem aqui! Tragam pão para o rei!

BAARD BRATTE

— Aqui, todo homem é rei; pois a vida está em jogo. Levante-se, Skule Baardsson, se você é rei! Deitado não conseguirá governar o reino!

PEDRO

— Se zombar do meu pai, eu o matarei!

BAARD BRATTE

— Serei morto de qualquer maneira; o Rei Haakon nunca me perdoará, pois fui seu vassalo e o traí por causa de Skule. Pense em algo que possa nos salvar! Não há ação desesperada que eu não esteja disposto a arriscar agora.

UM VARGBELG

— Se ao menos pudéssemos chegar ao convento de Holm...

PAAL FLIDA

— Melhor seria ir para Elgeseter.

BAARD BRATTE (de repente, exaltado)

— Melhor ainda seria descer até o navio de Haakon e sequestrarmos o herdeiro!

PAAL FLIDA

— Você enlouqueceu?

BAARD BRATTE

— Não, não; essa é nossa única esperança, e fácil de realizar. Os *Birkebeiners* estão vasculhando cada casa e vigiando todas as igrejas; eles acham que nenhum de nós conseguiu escapar, já que todas as pontes foram destruídas. Deve haver poucos homens a bordo dos navios; se tivermos o herdeiro em nossas mãos, Haakon terá que nos conceder paz, ou seu filho morrerá conosco. Quem vem comigo para salvar nossas vidas?

PAAL FLIDA

— Não eu, se for para salvar dessa maneira.

VÁRIOS

— Nem eu! Nem eu!

PEDRO

— Ha, mas e se for para salvar meu pai?

BAARD BRATTE

— Se você quiser vir, venha. Primeiro vou até Hladehammer;[51] lá está o grupo que encontramos ao pé da colina. São os mais temerários de todos os *Vargbelgs*; nadaram pelo rio sabendo que não encontrariam perdão nas igrejas. Esses rapazes certamente estão prontos para atacar o navio do rei! Quem de vocês quer vir comigo?

ALGUNS

— Eu, eu!

PEDRO

— Talvez eu também; mas primeiro preciso garantir que meu pai esteja em segurança.

BAARD BRATTE

— Antes do amanhecer, subiremos o rio. Vamos, há um atalho descendo em direção a Hlade.

BAARD BRATTE e alguns outros saem pela direita.

PEDRO (para PAAL FLIDA)

— Não fale nada disso ao meu pai; ele está angustiado, devemos agir por ele. Há segurança no plano de Baard Bratte; antes do amanhecer, o filho de Haakon estará em nossas mãos.

PAAL FLIDA

— Para ser morto, provavelmente. Não vê que isso é um pecado?

PEDRO

— Não, não é pecado; meu pai condenou a criança em Oslo. Mais cedo ou mais tarde, ele deve

---

[51] Hladehammer refere-se a uma localização próxima a Trondheim, na Noruega, relacionada ao monte Lade (ou Hlade). Historicamente, Lade é uma área de grande importância, especialmente durante a era viking, quando serviu como sede de poder dos chefes locais. O termo "Hladehammer" provavelmente se refere a uma parte dessa região, mais especificamente a uma colina ou promontório que tinha importância estratégica e defensiva.

morrer, pois impede o caminho do meu pai. Ele tem uma grande missão para realizar como rei; não importa quem ou quantos morram por isso!

PAAL FLIDA

— Maldito foi o dia em que você soube que era filho do Rei Skule. (Escutando.) — Silêncio! Deitem-se no chão; há alguém vindo.

Todos se deitam atrás de troncos; um grupo de pessoas, alguns a cavalo, outros a pé, aparece vagamente através da névoa entre as árvores; eles vêm da esquerda e passam para a direita.

PEDRO

— É a rainha!

PAAL FLIDA

— Sim; ela conversa com Dagfinn. Silêncio!

PEDRO

— Eles estão indo para Elgeseter. O herdeiro está com eles!

PAAL FLIDA

— E as damas da rainha.

PEDRO

— Mas apenas quatro homens! Levante-se, levante-se, Rei Skule! Agora seu reino está salvo!

REI SKULE

— Meu reino? Ele é escuro. Como o do anjo que se rebelou contra Deus.

Um grupo de monges entra pela direita.

MONGE

— Quem está aí? São os homens do Rei Skule?

PAAL FLIDA

— O próprio Rei Skule.

O MONGE (para SKULE)

— Deus seja louvado por termos encontrado o senhor, querido rei! Alguns cidadãos nos informaram que vocês tomaram o caminho pelas colinas, e estamos tão inseguros em Nídaros quanto vocês.

PEDRO

— Vocês mereciam a morte por terem nos negado o relicário do Santo Rei Olaf.

MONGE

— O arcebispo proibiu; mas ainda assim queremos servir ao Rei Skule; sempre estivemos ao seu lado. Trouxemos mantos para você e seus homens; coloquem-nos, e assim vocês conseguirão entrar facilmente em algum dos conventos e poderão buscar o perdão de Haakon.

REI SKULE

— Sim, deixe-me vestir o manto; meu filho e eu devemos estar em solo consagrado. Quero ir para Elgeseter.

PEDRO (em voz baixa, para PALL FLIDA)

— Assegure-se de que meu pai chegue em segurança...

PAAL FLIDA

— Não se lembra de que há *Birkebeiners* em Elgeseter?[52]

PEDRO

— Apenas quatro homens; vocês podem lidar com eles, e dentro dos muros do convento eles não ousarão tocar em vocês. Eu vou procurar Baard Bratte.

PAAL FLIDA

— Pense bem!

PEDRO

---

[52] Elgeseter é um bairro localizado na cidade de Trondheim, na Noruega. Durante a Idade Média, abrigava o *Elgeseter Kloster*, um mosteiro fundado no século XII, que desempenhou um papel significativo na vida religiosa e política da região. Na peça, Elgeseter simboliza um lugar de refúgio e proteção, devido à presença histórica do mosteiro, servindo de cenário para momentos de busca por segurança e paz espiritual.

— Não é no navio real, mas em Elgeseter, que os proscritos[53] salvarão o reino para meu pai!

Sai rápido pela direita.

UM VARGBELG (sussurra para outro)

— Você vai para Elgeseter com Skule?

OUTRO VARGBELG

— Silêncio; não, os *Birkebeiners* estão lá.

O PRIMEIRO

— Eu também não vou; mas não diga nada aos outros.

MONGE

— E agora, vamos, dois a dois, um guerreiro e um monge...

Outro MONGE sentado em um tronco, atrás dos outros.

— Eu vou levar o Rei Skule.

REI SKULE

— Você conhece o caminho?

MONGE

— Sim, o caminho mais largo.

PRIMEIRO MONGE

— Apressai-vos; vamos nos dispersar por trilhas diferentes e nos reunir diante do portão do convento.

Eles saem entre as árvores à direita; a névoa se dissipa e um cometa aparece no céu, vermelho e brilhante no ar enevoado.

REI SKULE

— Pedro, meu filho...! (Recua.) — Lá está a espada flamejante no céu!

---

[53] *Refere-se aos Vargbelgs.*

O MONGE (sentado atrás dele no tronco)

— E aqui estou eu!

REI SKULE

— Quem é você?

O MONGE

— Um velho conhecido.

REI SKULE

— Nunca vi homem mais pálido.

O MONGE

— Mas você não me reconhece.

REI SKULE

— Você é quem me levará para Elgeseter?

O MONGE

— Sou eu quem o levará ao trono!

REI SKULE

— Você pode fazer isso?

O MONGE

— Posso... se você quiser.

REI SKULE

— E com que meio?

O MONGE

— Com o mesmo meio que já usei antes; vou levá-lo a um monte alto e mostrar-lhe todas as maravilhas da terra.

REI SKULE

— Todas as maravilhas da terra que eu já vi em sonhos tentadores.

O MONGE

— Fui eu quem lhe mostrou esses sonhos.

REI SKULE

— Quem é você?

O MONGE

— Mensageiro do mais antigo pretendente ao trono do mundo.

REI SKULE

— Do mais antigo pretendente ao trono do mundo?

O MONGE

— Do primeiro conde que se levantou contra o maior império e fundou um reino próprio, que durará até o fim dos tempos!

REI SKULE (grita)

— Bispo Nicolau!

O MONGE (levanta-se)

— *Agora me reconhece? Fomos conhecidos no passado;*

e é por você que faço a minha volta,

— *No mesmo barco, mesmo com você cansado,*

Navegamos juntos na revolta.

— *Quando nos separamos, perdi a calma,*

e uma águia suas garras cravou na minha alma.

— *Suplicava por cânticos e sinos a tocar,*

missas e preces comprei para me salvar.

— Rezaram quatorze, mas eu só por sete paguei;

ainda assim, do paraíso nem perto cheguei.

REI SKULE

— E agora você vem de lá de baixo?

O MONGE

— Do reino lá embaixo eu venho, sim;

de um lugar que os homens acham ser duro.

Juro que, de fato, não é tão escuro,

e, ao meu ver, nem é tão quente assim.

REI SKULE

— E vejo que você aprendeu poesia, velho chefe *Bagler!*

O MONGE

— Poesia? Sim, e muito latim!

Antes, minha escrita não tinha sutileza;

Nem meu falar possuía fluidez ou leveza.

Agora sou um mestre nos dois, enfim.

Para assumir qualquer posto naquela região,

O domínio de latim é uma credencial.

E até mesmo para passar pelo portão,

entender da poesia lhe será crucial.

E eu sempre me enriqueço com a erudição

dos sábios companheiros de todos os dias.

Dos papas e bispos que festejam em comunhão;

E dos cardeais e poetas que me fazem companhia.

REI SKULE

— Saúda o teu senhor e agradece-lhe a amizade em meu nome. Diga-lhe que sou o único Rei da

Noruega e que me envie ajuda.

O MONGE

— Ouça agora, Rei Skule, o que me traz até você:

os servos de meu senhor são uma legião,

e cada um deles tem sua própria região.

— Deram-me a Noruega,

pois é o lugar com o qual eu tenho intimidade.

E eu sei muito bem que Haakon não serve à nossa vontade.

— Meu senhor quer você no trono e o reino!

E por sua vez, Haakon, só nos serve caído,

pois nós o odiamos! E ele é nosso maior inimigo.

REI SKULE

— Sim, dê-me a coroa! Com ela nas mãos, livrar-me-ei deste fardo e livrarei toda a Noruega daquilo que Haakon representa.

O MONGE

— Sim, isso mais tarde discutiremos.

Porém, nesta noite, agora, agiremos.

— Em Elgeseter, o filho do Rei Haakon dorme;

Se você o pegar na teia da morte,

— Todo obstáculo será pelo vento varrido,

Você será o rei, e enfim terá vencido!

REI SKULE

— Tem certeza de que vencerei?

O MONGE

— Todos os homens aspiram por paz na Noruega;

o que eles mais querem é um rei com um herdeiro,

um filho para suceder ao trono sem guerra;

pois, o povo está cansado de viver com receio.

— Desperte, Rei Skule! Um grande esforço a mais!

O inimigo deve perecer esta noite ou jamais!

— As tropas estão prontas para usar a força;

sob a névoa que cobre o vale e o fiorde!

Lá já se reúnem prontos, ouça!

Os ecos da marcha da morte!

— Diga a palavra, e terá sua vitória:

E tudo o que houver será história!

Seus guerreiros levarão morte ao inimigo.

E ao final do dia, enfim, teremos vencido!

REI SKULE

— Basta dizer-me qual é a palavra que eu a digo quantas vezes for necessário!

O MONGE

— Para te elevar ao mais alto, minha única condição

é que sigas a ambição do teu coração;

toda a Noruega será tua, e ao trono te conduzirei,

se jurares que teu filho te sucederá como rei!

REI SKULE (levanta a mão, como para fazer um juramento)

— Meu filho será... (Para de repente e grita, aterrorizado.) — Ha! Agora eu te entendo; você quer a perdição da sua alma! Afasta-te de mim, afasta-te de mim! (Estende os braços para o céu.) — E tem piedade de mim, Tu, a quem agora clamo por ajuda na minha maior aflição!

REI SKULE prostra-se no chão.

O MONGE

— Amaldiçoado! Ele escapou por entre meus dedos,

e eu tinha certeza de que o segurava firme!

Mas a Luz, ao que parece, iluminou meu segredo.

— E o jogo acabou.

Bem, bem; o que importa um pequeno atraso?

O perpetuum mobile já está em movimento;

e o meu poder não está garantido por acaso.

— Os inimigos da luz ainda estarão sob minha influência;

pois meu império na Noruega foi fundado,

e aquele que ambiciona à coroa, já está condenado

Caminhando para frente.

— Arrastados pelo vento frio cortante e sem calor,

o povo norueguês parte cabisbaixo para a labuta

com seus corações e mentes com medo da luta.

— E enquanto buscarem se unir diante de algo de valor,

que este algo seja apedrejado e desprezado,

e por buscarem humildade na fuga que sejam desonrados.

— Sob a baixeza de uma mente nefasta e de um coração vil,

o Bispo Nicolau sorrateiramente executa seu ardil,

e com sua alma diabólica corrompe os princípios sagrados!

O MONGE desaparece na neblina entre as árvores.

REI SKULE (após uma breve pausa, levanta-se e olha ao redor)

— Onde está ele, meu sombrio camarada? (Olha em volta.) — Meu guia, meu guia, onde você está?
Foi embora! Não importa; agora eu mesmo conheço o caminho, para Elgeseter e para além.

REI SKULE sai pela direita.

O PÁTIO DO CONVENTO DE ELGESETER.

À esquerda, está a capela, com entrada pelo pátio; as janelas estão iluminadas. No lado oposto do pátio, estendem-se alguns edifícios mais baixos; ao fundo, o muro do convento, com um portão forte, que está trancado. A noite é clara e iluminada pela lua. Três chefes *Birkebeiners* estão juntos ao portão; MARGRETE, LADY RAGNHILD e DAGFINN saem da capela.

LADY RAGNHILD (meio para si mesma)

— Então o Rei Skule teve que fugir para a igreja, você diz! Ele, ele, fugindo, suplicando por paz no altar. Talvez até suplicando pela vida! Oh, não, não, ele não fez isso; mas Deus punirá vocês, que ousaram deixar as coisas chegarem a esse ponto!

MARGRETE

— Minha querida, amada mãe, controle-se; você não sabe o que está dizendo. É a dor que fala.

LADY RAGNHILD

— Ouçam-me, *Birkebeiner*! Haakon Haakonsson é quem deveria estar diante do altar, suplicando ao Rei Skule por vida e paz!

UM BIRKEBEINER

— Não cabe a homens leais ouvirem tais palavras.

MARGRETE

— Mostrem respeito diante da dor de uma esposa!

LADY RAGNHILD

— O Rei Skule, condenado! Cuidado, cuidado todos vocês, quando ele recuperar o poder!

DAGFINN

— Ele nunca mais o terá, Lady Ragnhild.

MARGRETE

— Silêncio, silêncio!

LADY RAGNHILD

— Você acha que Haakon Haakonsson ousará cumprir a sentença se capturar o rei?

DAGFINN

— O próprio Rei Haakon sabe melhor se um juramento real pode ser quebrado ou não.

LADY RAGNHILD (volta-se para Margrete)

— E você seguiu um homem sanguinário como ele, com fé e amor! Você é mesmo filha de seu pai? Que a ira do céu...! Vá embora de mim, vá embora!

MARGRETE

— Benditos sejam seus lábios, mesmo que agora me amaldiçoem.

LADY RAGNHILD

— Eu preciso ir até Nídaros, entrar na igreja e encontrar o Rei Skule. Ele me afastou quando estava no auge da sorte; naquela época, ele não precisava de mim. Agora, ele não se zangará por eu ir até ele. Abram o portão para mim, deixem-me ir até Nídaros!

MARGRETE

— Minha mãe, pelo amor de Deus, tenha piedade!

Batem fortemente no portão do convento.

DAGFINN

— Quem bate?

REI SKULE (do lado de fora)

— Um rei.

DAGFINN

— Skule Baardsson!

LADY RAGNHILD

— Rei Skule!

MARGRETE

— Meu pai!

REI SKULE

— Abram, abram!

DAGFINN

— Não abrimos para foras da lei aqui.

REI SKULE

— Eu digo que é um rei que bate; um rei que não tem um teto sobre a cabeça; um rei que precisa de solo sagrado para salvar sua vida.

MARGRETE

— Dagfinn, Dagfinn, é meu pai!

DAGFINN (indo até o portão e abrindo uma pequena portinhola)

— Você trouxe muitos homens com você para o convento?

REI SKULE

— Apenas aqueles que permaneceram leais a mim e às minhas necessidades.

DAGFINN

— E quantos são eles?

REI SKULE

— Menos de um.

MARGRETE

— Ele está sozinho, Dagfinn!

LADY RAGNHILD

— Que a ira do céu caia sobre você se negar a ele solo sagrado!

DAGFINN

— Em nome de Deus, então!

Abre o portão; os *Birkebeiners* respeitosamente tiram os chapéus; Rei Skule entra no pátio do convento.

MARGRETE (lança-se ao pescoço de REI SKULE)

— Meu pai! Meu abençoado e infeliz pai!

LADY RAGNHILD (coloca-se agitada entre ele e os *Birkebeiners*)

— Vocês, que fingem reverência por ele, irão traí-lo, como Judas. Não ousem se aproximar dele! Vocês não tocarão nele enquanto eu viver!

DAGFINN

— Ele está seguro aqui, pois está em solo sagrado.

MARGRETE

— E nenhum dos seus homens teve coragem de segui-lo esta noite?

REI SKULE

— Tanto monges quanto guerreiros me acompanharam no caminho; mas me abandonaram um a um, porque sabiam que havia *Birkebeiners* em Elgeseter. Paul Flida foi o último a me deixar; ele me acompanhou até o portão do convento. Ali, apertou minha mão pela última vez e agradeceu pelos tempos em que ainda havia *Vargbelgs* na Noruega.

DAGFINN (para os *Birkebeiners*)

— Entrem, chefes, e montem guarda ao redor do herdeiro; eu devo ir a Nídaros para informar o rei que Skule Bardsson está em Elgeseter; em um assunto tão sério, é ele quem deve agir.

MARGRETE

— Oh, Dagfinn, Dagfinn, você realmente tem coragem para fazer isso?

DAGFINN

— Eu devo! Caso contrário, eu serviria mal ao rei e ao país. (Para os homens.) — Tranquem os portões depois de mim, vigiem o herdeiro, e não abram para ninguém até que o rei chegue. (Baixinho, para Skule.) — Adeus, Skule Bardsson, e que Deus lhe conceda um fim pacífico. (Sai pelos portões; os *Birkebeiners* fecham atrás dele e entram na capela.)

LADY RAGNHILD

— Sim, deixe Haakon vir; eu não soltarei você. Vou segurá-lo firme e amorosamente em meus braços, como nunca fiz antes.

MARGRETE

— Oh, como você está pálido; e envelhecido; está com frio

REI SKULE

— Não estou com frio, mas estou cansado, tão cansado.

MARGRETE

— Então venha para dentro e descanse.

REI SKULE

— Sim, sim; logo será hora de descansar.

SIGRID (vindo da capela)

— Finalmente você veio, meu irmão!

REI SKULE

— Sigrid! Você está aqui?

SIGRID

— Eu prometi que nos encontraríamos quando você mais precisasse de mim.

REI SKULE

— Onde está seu filho, Margrete?

MARGRETE

— Ele dorme na sacristia.

REI SKULE

— Então toda a família está reunida em Elgeseter esta noite.

SIGRID

— Sim, reunida após tanto tempo e tanta distância.

REI SKULE

— Agora só falta Haakon Haakonsson.

MARGRETE e LADY RAGNHILD se agarram a ele com um grito de dor.

MARGRETE

— Meu pai! Meu marido!

REI SKULE (olha para elas, comovido)

— Vocês me amaram tanto assim? Eu procurei a felicidade no desconhecido e nunca percebi que tinha um lar onde poderia encontrá-la. Busquei o amor através do pecado e da culpa, sem saber que já o tinha, pela lei de Deus e dos homens. E você, Ragnhild, minha esposa, a quem tanto traí, me abraça calorosa e carinhosamente no momento mais sombrio, e ainda consegue temer pela vida de um homem que nunca trouxe um raio de sol ao seu caminho.

LADY RAGNHILD

— Você pecou? Oh, Skule, não diga isso; acha que eu ousaria julgá-lo? Desde o início, eu sempre me senti pequena diante de você, meu grande marido; não pode haver culpa em nenhum de seus atos.

REI SKULE

— Você acreditou em mim, Ragnhild?

LADY RAGNHILD

— Desde o primeiro dia que o vi.

REI SKULE (com animação)

— Quando Haakon chegar, pedirei clemência! Oh, mulheres gentis e amorosas, — é tão bom viver!

SIGRID (com uma expressão de terror)

— Skule, meu irmão! Ai de você, se se desviar do caminho esta noite!

Barulho forte do lado de fora; logo depois, batem no portão.

MARGRETE

— Escutem, escutem! Quem se aproxima com tanta pressa?

LADY RAGNHILD

— Quem bate no portão?

VOZES do lado de fora

— Cidadãos de Nídaros! Abram! Sabemos que Skule Bardsson está aí dentro!

REI SKULE

— Sim, ele está aqui dentro; o que querem com ele?

VOZES ALTAS do lado de fora

— Saia, saia! Morte ao homem maldito!

MARGRETE

— Vocês, cidadãos, ousam ameaçá-lo?

UMA VOZ

— O Rei Haakon o condenou em Oslo.

OUTRA VOZ

— É dever de todos matá-lo.

MARGRETE

— Eu sou a rainha; eu ordeno que se retirem!

UMA VOZ

— Quem fala é a filha de Skule Bardsson, não a rainha.

OUTRA VOZ

— Você não tem poder sobre vida e morte; o rei já o condenou!

LADY RAGNHILD

— Entre na igreja, Skule! Pelo amor de Deus, não deixe que esses assassinos cheguem até você!

REI SKULE

— Sim, para dentro da igreja; não cairei nas mãos deles. Minha esposa, minha filha; é como se eu tivesse encontrado paz e luz; oh, não posso perder isso tão cedo! (Move-se em direção à capela.)

PEDRO (do lado de fora, à direita)

— Meu pai, meu rei! Agora você terá a vitória!

REI SKULE (com um grito)

— Ele! Ele! (Cai sobre os degraus da igreja.)

LADY RAGNHILD

— Quem é?

UM CIDADÃO (do lado de fora)

— Vejam, vejam! O saqueador de igrejas está subindo o telhado do convento!

OUTROS

— Apedrejem-no! Apedrejem-no!

PEDRO (aparece no telhado à direita e pula para o pátio)

— Que bom vê-lo novamente, meu pai!

REI SKULE (olha para ele, horrorizado)

— Você! Eu tinha me esquecido de você! De onde você vem?

PEDRO (furioso)

— Onde está o herdeiro?

MARGRETE

— O herdeiro!?

REI SKULE (levanta-se de um salto)

— De onde você vem, eu pergunto?

PEDRO

— De Hladehammer; eu avisei Bard Bratte e os *Vargbelgs* que o herdeiro está em Elgeseter esta noite.

MARGRETE

— Oh Deus!

REI SKULE

— Você veio até aqui! E agora?

PEDRO

— Ele está reunindo os seus homens, e eles estão marchando em direção ao mosteiro. Onde está o herdeiro, a criança real, mulher?

MARGRETE (coloca-se diante da porta da igreja)

— Ela está dormindo na sacristia!

PEDRO

— Não faria diferença, mesmo que estivesse dormindo no altar! Tirei o relicário de Santo Rei Olaf, não tenho medo de pegar a criança também!

LADY RAGNHILD (chama Skule)

— É ele quem você tanto ama?

MARGRETE

— Pai, pai! Como pôde esquecer todos nós por causa dele?

REI SKULE

— Ele era puro como um cordeiro de Deus quando a sua mãe arrependida o entregou a mim; foi sua fé em mim que o transformou no que ele é agora.

PEDRO (sem prestar atenção a ele)

— A criança deve sair! Mate-a, mate-a nos braços da rainha, foi o que o Rei Skule disse em Oslo!

MARGRETE

— Oh, que vergonha!

PEDRO

— Um santo poderia fazer isso sem pecado, por ordem de meu pai! Meu pai é o rei; pois o grande pensamento real é dele!

Os cidadãos batem na porta

CIDADÃOS

— Abram! Saia, você é o saqueador de igrejas, saia ou queimaremos o mosteiro!

REI SKULE (como se tomado por uma forte resolução)

— O grande pensamento real! É isso que envenenou sua jovem e amorosa alma! Puro e inocente eu deveria devolvê-lo; foi a fé em mim que o levou a cometer tantos pecados, de um crime mortal a outro! Oh, mas eu ainda posso salvá-lo; posso nos salvar a todos! (Grita para os cidadãos.) — Esperem, esperem, cidadãos lá fora; eu vou até vocês!

MARGRETE (agarra sua mão, aterrorizada)

— Meu pai, o que vai fazer?

LADY RAGNHILD (abraça-se a ele com um grito)

— Skule!

SIGRID (afastando-as dele, com um brilho de alegria selvagem)

— Soltem-no, soltem-no, mulheres; — agora sua ideia está ganhando asas!

REI SKULE (firme e determinado, para Pedro)

— Você viu em mim o escolhido por Deus, aquele que deveria realizar o grande ato real no país. Olhe melhor para mim, jovem perdido! As vestes reais com as quais me adornei eram emprestadas e roubadas, — agora estou me desfazendo delas, uma a uma.

PEDRO (em pânico)

— Meu grande, glorioso pai, não fale assim!

REI SKULE

— O pensamento real é de Haakon, não meu; só ele recebeu de Deus o poder para torná-lo verdade. Você acreditou em uma mentira; afaste-se de mim e salve sua alma.

PEDRO (com a voz quebrada)

— O pensamento real é de Haakon!

REI SKULE

— Eu ansiava ser o maior do reino. Deus, Deus, veja, eu me humilho diante de Ti e me coloco como o mais humilde de todos.

PEDRO

— Tira-me desta terra, Senhor! Castiga-me por todos os meus pecados; mas tira-me desta terra, pois agora sou um exilado aqui! (Cai nos degraus da igreja.)

REI SKULE

— Eu tive um amigo que sangrou por mim em Oslo. Ele disse: *"Um homem pode morrer pelo trabalho de vida de outro; mas, se continuar vivo, deve viver por sua própria causa."* — Eu não tenho um propósito de vida pelo qual viver, e não posso viver por Haakon também, — mas posso morrer por ele.

MARGRETE

— Não, não, você nunca fará isso!

REI SKULE (pega em sua mão e a olha com ternura)

— Você ama seu esposo, Margrete?

MARGRETE

— Mais do que tudo no mundo.

REI SKULE

— Você suportaria se ele decretasse minha sentença de morte; mas suportaria se ele tivesse que cumpri-la?

MARGRETE

— Senhor do céu, dai-me forças!

REI SKULE

— Poderia, Margrete?

MARGRETE (suavemente, tremendo)

— Não, não, teríamos que nos separar, eu nunca poderia vê-lo novamente!

REI SKULE

— Você apagaria a luz mais bela da vida dele e da sua; não tema, Margrete, você não precisará passar por isso.

LADY RAGNHILD

— Fuja do país, Skule; eu o seguirei para onde quer que vá, até o fim do mundo.

REI SKULE (balança a cabeça)

— Com uma sombra zombeteira entre nós? Esta noite, pela primeira vez, encontrei você de verdade; não deve haver sombras entre nós, minha fiel e silenciosa esposa; por isso também não podemos viver juntos nesta Terra.

SIGRID

— Meu irmão real! Eu vejo que você não precisa de mim; vejo que agora sabe qual caminho deve seguir!

REI SKULE

— Existem homens feitos para viver e homens feitos para morrer. Minha vontade sempre me levou para onde o dedo de Deus não apontava; por isso nunca vi o caminho claramente, até agora. Perdi meu lar tranquilo, e isso não posso reconquistar; mas posso reparar o que pequei contra Haakon, libertando-o de um dever real que o separaria de sua maior alegria. Os cidadãos estão lá fora; não vou esperar o Rei Haakon! Os *Vargbelgs* estão por perto; enquanto eu viver, eles não desistirão de sua missão; se me encontrarem aqui, não poderei salvar seu filho, Margrete. Olhem, olhem para cima! Vejam como a espada flamejante que pairava sobre mim está enfraquecendo e desaparecendo! Sim, sim, Deus falou, e eu o entendi, e sua ira foi aplacada. Não é no santuário de Elgeseter que devo me ajoelhar e pedir perdão a um rei terreno; devo ir para a grande igreja sob as estrelas, e é ao rei dos reis que pedirei perdão e salvação para toda a minha vida!

SIGRID

— Não o impeça! Não se oponha ao chamado de Deus! O dia está nascendo; amanhece na Noruega e na alma inquieta dele! Não temos nós, mulheres apavoradas, permanecido escondidas por tempo demais, aterrorizadas nos cantos mais escuros, ouvindo todo o horror que acontecia lá fora, ouvindo as marchas sangrentas que atravessavam o país de ponta a ponta? Não estávamos nós, pálidos e petrificados, permanecido nas igrejas, sem ousar olhar para fora, assim como os discípulos de Cristo em Jerusalém na grande Sexta-feira Santa, quando o Senhor foi levado ao Gólgota? Use suas asas, e ai daqueles que tentarem amarrá-las agora!

LADY RAGNHILD

— Vá em paz, meu marido; vá para onde nenhuma sombra zombeteira se interporá entre nós, quando nos encontrarmos novamente.

Corre para dentro da capela

MARGRETE

— Meu pai, adeus, adeus, mil vezes adeus!

Segue LADY RAGNHILD

SIGRID (abre a porta da igreja e chama para dentro)

— Venham, venham, todas as mulheres! Reúnam-se em oração; elevem suas vozes em cânticos ao Senhor, proclamando que Skule Baardsson volta agora arrependido de sua jornada rebelde na Terra!

REI SKULE

— Sigrid, minha fiel irmã, leve minha saudação ao Rei Haakon; diga-lhe que, mesmo em minha última hora, não sei se ele é de linhagem real, mas uma coisa eu sei com certeza: ele é o escolhido por Deus.

SIGRID

— Levarei sua saudação.

REI SKULE

— E você deve levar outra mensagem. Há uma mulher penitente no norte, em Haalogaland; diga-lhe que seu filho se corrompeu, ele me acompanhou, mesmo quando havia grande perigo para sua alma.

SIGRID

— Assim farei.

REI SKULE

— Diga-lhe que ele não pecou de coração; mas ainda há salvação. Ela o encontrará outra vez, puro e inocente.

SIGRID

— Digo-lhe que sim. (Aponta para o fundo.) — Ouça, estão quebrando o cadeado!

REI SKULE (aponta para a capela)

— Ouça, estão cantando alto a Deus por salvação e paz!

SIGRID

— Ouça novamente! Todos os sinos de Nídaros estão tocando!

REI SKULE (com tristeza)

— Estão tocando para o enterro de um rei.

SIGRID

— Não, estão tocando para sua verdadeira coroação agora! Adeus, meu irmão; deixe o manto púrpuro de sangue fluir largo sobre seus ombros; sob ele, todo pecado pode ser encoberto! Vá, entre na grande igreja e receba a coroa da vida!

Corre para dentro da capela.

Os cânticos e os toques dos sinos continuam durante os acontecimentos seguintes.

VOZES (do lado de fora do portão)

— O cadeado foi rompido! Não nos force a violar o santuário da igreja!

REI SKULE

— Estou indo.

CIDADÃOS

— E o saqueador da igreja deve vir também!

REI SKULE

— Sim, o saqueador irá também! (Vai até Pedro.) — Meu filho, você está pronto?

PEDRO

— Sim, meu pai, estou pronto.

REI SKULE (olha para o céu)

— Ó Deus, sou um homem pobre, só tenho minha vida para dar; mas tome-a, e guarde a grande ideia de Haakon. Agora, me dê sua mão.

PEDRO

— Aqui está minha mão, pai.

REI SKULE

— E não tema o que está por vir.

PEDRO

— Não, pai, não temo, enquanto estiver com você.

REI SKULE

— Nunca caminhamos juntos por um caminho mais seguro. (Ele abre o portão; os cidadãos estão do lado de fora com armas levantadas.) — Aqui estamos; viemos de livre e espontânea vontade; mas não o golpeiem no rosto.

Eles saem de mãos dadas; o portão se fecha.

UMA VOZ.

— Não tenham piedade; — ataquem onde puderem!

A VOZ DE REI SKULE

— É desonroso tratar assim os grandes homens!

Sons de armas; então ouvem-se corpos caindo pesadamente; tudo fica em silêncio por um momento.

UMA VOZ

— Estão mortos, ambos!

A trombeta do rei ressoa.

OUTRA VOZ.

— Lá vem o Rei Haakon com toda a sua guarda!

A MULTIDÃO.

— Saudações a você, Haakon Haakonsson; agora você não tem mais inimigos!

GREGÓRIUS JONSSON (para por um momento diante dos corpos)

— Chegamos tarde demais! (Entra no pátio do convento.)

DAGFINN

— Seria uma tragédia para a Noruega se você tivesse chegado antes! (Grita para fora.) — Entre, Rei Haakon!

HAAKON (para)

— Os corpos estão no meu caminho!

DAGFINN

— Se Haakon Haakonsson quiser seguir adiante, terá que passar por cima do corpo de Skule Baardsson!

HAAKON

— Em nome de Deus, então! (Passa por cima do corpo e entra.)

DAGFINN

— Finalmente você pode assumir seu papel de rei com as mãos livres. Lá dentro estão aqueles que você ama; em Nídaros, os sinos tocam pela paz no país, e lá fora jaz o homem que foi o seu maior inimigo.

HAAKON

— Todos o julgaram mal; havia um mistério em torno dele.

DAGFINN

— Um mistério?

HAAKON (segura o braço de Dagfinn e fala baixinho)

— Skule Baardsson era um filho adotivo de Deus na Terra; esse era o seu mistério.

Os cânticos ecoam mais alto da capela; os sinos continuam tocando em Nídaros.

CAEM AS CORTINAS.

POSFÁCIO

Sobre a nota preliminar que se transformou em posfácio.

A presente tradução para o português baseia-se na obra original *Kongs-Emnerne* em norueguês e na tradução inglesa de 1904, realizada por William Archer, um crítico teatral, tradutor e escritor autodidata escocês amplamente reconhecido por seu papel essencial na introdução do teatro realista europeu — especialmente as peças de Henrik Ibsen — no Reino Unido e nos Estados Unidos. *Pretendentes ao Trono* foi lançada inicialmente junto com outras duas peças: *The Vikings at Helgeland (Hærmændene paa Helgeland)*, também traduzida por Archer, e *Lady Inger de Ostrat (Fru Inger til Østråt)*, traduzida por seu irmão e colaborador, Charles Archer.

Esta nota preliminar, traduzida integralmente para o português, integra aquela edição de três peças e é apresentada aqui como um posfácio para enriquecer a compreensão do leitor sobre a obra de Ibsen. Consideramos traduzir apenas o trecho em que William Archer discorre sobre *Pretendentes ao Trono*, mas optamos por trazer o texto completo, de forma a contextualizar mais amplamente a publicação original.

––––––––––

Nota Preliminar

Por William Archer

"Confio que, antes de julgar nossas falhas com demasiada severidade, o leitor tente compreender a dificuldade de nossa tarefa".

As três peças contidas neste volume são todas as que Ibsen escreveu em prosa antes de iniciar sua série de dramas sociais com A Liga da Juventude. Duas peças, mescladas em prosa e verso, *O*

Banquete em Solhaug (Gildet paa Solhoug) e *Olaf Liljekrans*, estão entre *Lady Inger de Ostrat* e *Os Vikings em Helgeland*; e uma peça em verso, A Comédia do Amor, situa-se entre *Os Vikings em Helgeland* e *Os Pretendentes ao Trono*. Destas, *A Comédia do Amor (Kjærlighedens Komedie)*, pelo menos, certamente encontrará um tradutor um dia; porém, sendo inteiramente composta em decassílabos rimados, ela não se enquadra no escopo desta série.

Como *Lady Inger de Ostrat* e *Os Pretendentes ao Trono* são baseadas na história norueguesa, *Os Vikings em Helgeland* na lenda escandinava, é oportuno esclarecer o tratamento de Ibsen ao seu material. Para a maioria dos fatos, sou grato ao minucioso e valioso trabalho de Herr Jaeger, *The Life of Henrik Ibsen*[54] (*Henrik Ibsen: Et literært Livsbillede.*)

Em *Lady Inger de Ostrat*, Ibsen escolheu um tema do período mais sombrio da história norueguesa. A monarquia democrática do rei Sverre, datada do início do século XIII, havia paralisado a antiga nobreza norueguesa. Uma a uma, as grandes famílias desapareceram, e suas posses se concentraram nas mãos dos poucos sobreviventes, que viam sua riqueza como um privilégio, desobrigado de compromissos. No início do século XVI, então, o patriotismo e o espírito público entre a nobreza estavam quase mortos, enquanto a monarquia, perante a qual a velha aristocracia caíra, estava, ela própria, morta, ou melhor, fundida (desde 1380) com a coroa dinamarquesa. O campesinato também perdera há muito tempo qualquer voz ativa nos assuntos políticos; de modo que a Noruega estava inerte, à mercê de seus governantes dinamarqueses.

É nesse momento de profunda degradação nacional que Ibsen ambienta sua tragédia. Na realidade, a degradação era ainda mais profunda do que ele a representa, pois os anseios por liberdade, as agitações de revolta, que formam o motor da ação, são inventados, ou idealizados pelo poeta. Lady Inger Ottisdatter Gyldenlove[55] (Fru Inger Ottisdatter Gyldenlove) foi, de fato, a figura mais importante de sua época na Noruega. Era a mais bem-nascida, a mais rica e, provavelmente, a mulher mais capaz do país. Na época em que Ibsen escreveu, pouco mais que isso parecia ser conhecido dela; de modo que, ao fazê-la vítima de uma luta entre o dever patriótico e o amor maternal, ele talvez estivesse poetizando na ausência de evidências positivas, e não em oposição a elas. Pesquisas posteriores, infelizmente, mostraram que a Lady Inger era pouco perturbada por aspirações patrióticas. Era uma mulher dura e ambiciosa por poder social e predominância, mas quase inacessível ao sentimento nacional. Foi por mera ambição social, e sem remorsos de consciência patriótica, que casou suas filhas com nobres dinamarqueses. É verdade que ela deu algum apoio à insurreição do assim chamado Dalejunker, um camponês que se apresentou como herdeiro de Sten Sture, antigo regente da Suécia; mas não há qualquer fundamento para fazer deste pretendente seu filho. Ele poderia, de fato, ter se tornado seu genro, pois, especulando sobre suas chances de sucesso, ela o havia noivado com uma de suas filhas. Assim, a Lady Inger da peça de Ibsen é, em caráter e circunstâncias, tanto uma criação do poeta quanto se nenhuma figura histórica com esse nome jamais tivesse existido.

Olaf Skaktavl, Nils Lykke e Eline Gyldenlove também são nomes históricos; mas, com eles, Ibsen também lidou com a maior liberdade. O verdadeiro Nils Lykke casou-se em 1528 com a verdadeira Eline Gyldenlove. Ela morreu quatro anos depois, deixando-lhe dois filhos; e então Nils Lykke desejou casar-se com sua cunhada Lucia. Essa união, no entanto, foi considerada incestuosa, e os amantes falharam em obter uma dispensa especial. Lucia então tornou-se amante de seu cunhado e deu-lhe um filho. Porém, a lei eclesiástica não era, na época, algo com que se pudesse brincar. Nils Lykke foi preso por seu crime, condenado e morto em sua cela no ano de 1535. Assim, havia uma tragédia pronta no material de Ibsen, embora não fosse a que ele escolheu escrever.

---

[54] *Henrik Ibsen: Et literært Livsbillede* (Sem tradução para o português.) é uma biografia detalhada escrita por Henrik Jæger, um crítico e escritor norueguês, publicada em 1888. Este trabalho é uma das primeiras biografias substanciais sobre Henrik Ibsen e foi escrito durante a vida do dramaturgo, quando ele já havia alcançado grande renome.

[55] Optei por traduzir o nome *Fru Inger Ottisdatter Gyldenlove* para Lady Inger Ottisdatter Gyldenlove, em vez de "Senhora Inger,"

Ninguém pode ler *Os Vikings em Helgeland* em Helgeland sem notar que há certa relação com a *Volsungasaga*,[56] da qual uma admirável versão em inglês, de Magnusson e Morris, está incluída na série *"Camelot Series"*. Críticos escandinavos têm se debatido bastante sobre como definir essa relação. Poderia ser chamada de uma dramatização da saga ou mesmo de uma adaptação livre? Henrik Jaeger resume o caso, creio, com a precisão necessária. *"Assim como Sigurd, o Matador de Fafnir,"* ele diz, *"Sigurd Viking completou o feito que Hiordis (Brynhild) exige do homem que a desposará; e, novamente como seu homônimo heroico, ele a renunciou em favor de seu irmão de criação, Gunnar, casando-se com outra. Esta mulher revela o segredo durante uma altercação com Hiordis (Brynhild), que, ao descobrir isso, provoca a morte de Sigurd e a sua própria. O leitor perceberá que devemos nos ater a termos bastante gerais se quisermos que eles se ajustem tanto à saga quanto ao drama. Existem mais coincidências? Sim, uma. Após Gudrun trair o segredo, segue-se uma cena em que ela busca apaziguar Brynhild e lhe pede que não pense mais no assunto; então vem uma cena em que Sigurd explica a Brynhild como tudo aconteceu; e, finalmente, uma cena em que Brynhild incita Gunnar a matar Sigurd. Todas essas cenas encontram paralelos no terceiro ato de Os Vikings em Helgeland; mas sua ordem é diferente, e nenhuma de suas palavras foi adotada."*

Outros detalhes da peça são sugeridos por outras sagas. As circunstâncias sob as quais Ornulf canta sua *Draapa*[57] sobre seus filhos são extraídas da Saga de Egil, assim como as perguntas de Ornulf sobre como Thorolf morreu; a festa na casa de Gunnar tem muitos análogos nas histórias islandesas; as palavras de Hiordis sobre a corda do arco são inspiradas em um trecho da *Saga de Njáll*;[58] e Sigurd e Hiordis talvez estejam tão intimamente relacionados a Kiartan e Gudrun na *Saga de Laxdela*[59] quanto a Sigurd, o Matador de Fafnir, e Brynhild. Cabe ao leitor julgar se a utilização, pelo poeta, de sugestões das sagas compromete, em algum sentido válido, a originalidade de sua obra.

Em *Os Pretendentes ao Trono*, Ibsen se aproxima muito mais da história do que em qualquer outra peça, exceto, talvez, em *Imperador e Galileu (Kejser og Galilæer)*. Todos os personagens principais e muitos dos incidentes do drama são históricos; no entanto, o poeta tratou a cronologia com grande liberdade e fez uso de motivos psicológicos que são apenas vagamente indicados, ou não estão presentes de forma alguma, nas fontes das quais ele se inspirou. A peça trata da luta pelo poder entre Haakon Haakonsson, neto do grande Rei Sverre, e Skule Bardsson, descendente de um ramo colateral da mesma casa. Haakon foi apoiado pelos Birkebeiners, ou "Pernas de Bétula", uma facção guerreira que havia sido leal ao seu avô, Sverre. Os seguidores de Skule eram chamados de *Varbelgs* ou *Vargbelgs*, um apelido de origem incerta. Ao caracterizar essas duas facções, o principal historiador norueguês da época, J. E. Sars, escrevendo treze anos após a estreia de *Os Pretendentes ao Trono*, usa termos que poderiam ter sido inspirados pela peça de Ibsen.

"De um lado", ele diz, *"encontramos força e convicção; do outro, fraqueza e falta de confiança. Os antigos Birkebeiners agem abertamente e com firmeza, como homens profundamente convencidos da justiça de sua causa e totalmente seguros de sua vitória final. Os seguidores de Skule, por outro lado, estão sempre buscando, por meio de intrigas e artimanhas, colocar obstáculos no caminho do entusiasmo de seus oponentes"*. Haakon representava o ideal de Sverre de uma monarquia

---

[56] *Volsungasaga* é uma saga islandesa medieval que narra a história lendária dos Volsungos, uma dinastia de heróis e reis nórdicos. Escrita no século XIII, ela se baseia em lendas germânicas e nórdicas muito mais antigas, e é uma das fontes principais para o mito de Sigurd (Siegfried), o matador de dragões, e do anel amaldiçoado, temas que mais tarde influenciaram obras como a tetralogia O Anel do Nibelungo, de Richard Wagner. A saga mistura elementos de heroísmo, tragédia e temas sobrenaturais, explorando conceitos como a honra, a vingança, e a inevitabilidade do destino. A narrativa inclui figuras lendárias como o próprio Sigurd, Brynhild (uma valquíria), e o dragão Fafnir, sendo uma das histórias mais importantes para a mitologia e literatura nórdicas, preservando a tradição oral e cultural dos povos escandinavos.

[57] *Ver nota 42.*

[58] A *Saga de Njáll*, também conhecida como *Brennu-Njáls saga (A Saga de Njáll, o Queimado)*, é uma das sagas islandesas mais famosas e respeitadas, escrita provavelmente no século XIII. Ela relata a vida de Njáll Þorgeirsson, um sábio e homem de leis, e seus conflitos com o sistema de vingança familiar da época. A história aborda temas de honra, amizade, justiça e o impacto devastador das rivalidades e da vingança, além de trazer uma visão detalhada da cultura e sociedade islandesas medievais.

[59] A *Saga de Laxdæla*, ou *Laxdæla saga*, é uma das sagas islandesas mais antigas e renomadas, provavelmente escrita no século XIII. Ela narra a história de várias gerações de famílias vivendo ao redor do fiorde de Laxárdalur, focando especialmente no triângulo amoroso trágico entre Guðrún Ósvífsdóttir, Kjartan Ólafsson e Bolli Þorleiksson. Temas de honra, paixão, vingança e destino permeiam a narrativa, que explora as complexas dinâmicas emocionais dos personagens.

democrática independente, que não era mero instrumento de uma oligarquia de bispos e barões, mas *"amplamente baseada na vontade do povo"*. *"Ele foi"*, diz Sars, *"criado com a firme convicção de seu direito ao trono; cresceu entre os veteranos do tempo de seu avô, homens imbuídos dos princípios de Sverre, dos quais ele os aceitou como um sistema já pronto, cuja realização era apenas uma questão de tempo. Ele se posicionou desde o início de maneira clara e direta, à qual toda a sua personalidade correspondia... Sua principal força derivava do equilíbrio mental que o distinguia, e cuja raiz estava na sua inabalável convicção de ter o direito e a vontade do povo ao seu lado."* No entanto, sua "grande ideia de realeza" parece ser uma invenção do poeta.

Por outro lado, Skule representava a velha nobreza em sua luta contra a nova monarquia. *"Ele era o centro de um partido aristocrático hierárquico; mas, após suas repetidas derrotas, esse partido deve ter ficado carente tanto de número quanto de confiança... Desde o início era claro que sua tentativa de reavivar as antigas guerras de sucessão na Noruega foi empreendida no espírito de um jogador desesperado, que não conta as probabilidades, mas joga ao acaso, na esperança cega de que a sorte o favoreça... A empreitada de Skule, assim, não tinha apoio em nenhuma opinião pública ou interesse prevalecente, e uma derrota foi suficiente para esmagá-lo."*

No personagem do Bispo Nicholas, também, Ibsen ampliou e aprofundou seu material histórico, em vez de poetizá-lo livremente. *"O Bispo Nicholas"*, diz Sars, *"representava mais a aristocracia... do que o clero ao qual pertencia. Ele havia iniciado sua carreira como um chefe secular e, como tal, participara das lutas de Magnus Erlingsson contra Sverre; e embora devesse ter algum conhecimento de letras, já que conseguiu ser eleito bispo... não faltam indícios de que seu conhecimento espiritual não era profundo. Durante sua longa participação nos conflitos civis, tanto sob Sverre quanto depois, vemos nele um homem para quem qualquer tipo de entusiasmo religioso ou eclesiástico deve ter sido estranho, sendo seus principais motivos a ambição pessoal e a vingança, em vez de qualquer preocupação com os interesses gerais - uma natureza fria e calculista, astuta, mas mesquinha e sem impulso, de quem Haakon Haakonsson, ao proferir seu discurso fúnebre... não pôde dizer nada melhor do que que ele não tinha igual em sabedoria mundana (veraldar vit)."* Não posso encontrar que o bispo tenha desempenhado papel tão proeminente na luta entre o rei e o conde quanto Ibsen lhe atribui, e o único fundamento para a grande cena de morte parece ser a seguinte passagem da *Saga de Haakon Haakonsson*[60] (*Hákonar saga Hákonarsonar* ou *Hákonar saga gamla*) , Cap. 138: *"Como o Bispo Nicholas estava muito doente naquela época, ele enviou um mensageiro ao rei pedindo-lhe que viesse até ele. O rei, durante essa expedição, havia apreendido certas cartas, das quais deduziu que o bispo não lhe fora fiel. Com isso, ele o repreendeu, e o bispo, confessando, pediu perdão ao rei. O rei respondeu que o perdoava de boa vontade, por amor de Deus; e, ao perceber que o bispo estava perto da morte, permaneceu com ele até que Deus o chamasse deste mundo."*

Segue-se um resumo cronológico dos principais eventos referidos em *Os Pretendentes ao Trono* com base na História do Povo Norueguês de P. A. Munch,[61] que permitirá ao leitor avaliar por si mesmo a extensão da adesão de Ibsen à história, bem como seus desvios dela:

[segue cronograma dos eventos históricos mencionados na peça]

Cronologia dos eventos mencionados em *Os Pretendentes ao Trono*:

- 1189: Nascimento de Skule Bardsson.
- 1204: Nascimento de Haakon Haakonsson.
- 1206: Haakon é levado pelos Birkebeiners ao rei Inge.

---

[60] É uma saga histórica norueguesa que narra a vida e o reinado do rei Haakon IV da Noruega (1204-1263), também conhecido como Haakon, o Velho. Escrita por volta de 1265 por Sturla Þórðarson, essa saga é uma das mais detalhadas e realistas do período medieval escandinavo.

[61] *Det norske Folks Historie* ou *History of the Norwegian People*, de Peter Andreas Munch (1810–1863) Sem tradução para o português.

- 1217: Haakon é escolhido como rei na Orething.
- 1218: Haakon e Skule em Bergen. Realiza-se o Folkmote (Rigsmote). Inga passa pelo julgamento divino.
- 1219: Haakon é prometido em casamento à filha de Skule, Margrete.
- 1219-1220: Andres Skialdarband e Vegard Vaeradal, thans de Halogaland.
- 1221: Vegard Vaeradal é morto por homens de Andres Skialdarband (razão desconhecida).
- 1225 (janeiro): Campanha de Haakon em Vermeland.
- 1225 (25 de maio): Casamento de Haakon com Margrete.
- 1225 (7 de novembro): Morte do bispo Nicholas.
- 1227: Nascimento de Olaf, o filho mais velho de Haakon.
- 1229: Andres Skialdarband parte para a Palestina.
- 1232: Nascimento do segundo filho de Haakon, também chamado Haakon.
- 1235: Morte de Inga, mãe do rei.
- 1236: Surgimento da facção dos *Vargbelgs*.
- 1237: Skule é nomeado duque. Morre Dagfinn, o Camponês.
- 1239 (6 de novembro): Skule proclama-se rei na Orething.
- 1240 (6 de março): Skule é vitorioso em Laaka.
- 1240 (21 de abril): Haakon é vitorioso em Oslo.
- 1240 (21 de maio): Peter, filho de Skule, é morto em Elgeseter.
- 1240 (24 de maio): Skule é morto em Elgeseter, e o convento é queimado.

Sobre o título da obra, *Kongs-Emnerne* "a tradução como *Os Pretendentes ao Trono* é considerada inadequada e inconveniente, mas não havia outro termo disponível. A palavra *Emne* significa "material" ou "tópico", "assunto", então *Kongs-Emne* poderia ser traduzido[62] como "tal material do qual reis são feitos". Na tradição das sagas dos reis, o termo referia-se habitualmente a um herdeiro ao trono. No entanto, como as leis de sucessão não estavam firmemente estabelecidas na Noruega, muitas vezes havia diversos *Kongs-Emner* (pretendentes ao trono) simultaneamente. Um *Kongs-Emne* não era necessariamente o herdeiro-aparente, mas muitas vezes um herdeiro presumido no sentido mais amplo do termo. Onde possível, o tradutor optou por usar o termo "pretendente," apesar de soar estranho, mas em alguns casos foi necessário substituir por "herdeiro".

Quanto ao vocabulário e estilo usados nas traduções, houve um esforço para manter a intenção original da obra, embora com adaptações para o inglês moderno.

Teria sido absurdo, mesmo que tivéssemos a habilidade, aderir rigidamente ao estilo de qualquer período específico — por que os noruegueses antigos deveriam falar um inglês puramente elisabetano ou vitoriano? O único caminho possível, então, parecia ser sugerir um arcaísmo adotando uma certa convenção arbitrária (ou afetação, se preferirem) e aderindo a ela o mais próximo possível, ao menos dentro dos limites de uma única peça. O leitor notará que meu irmão e eu adotamos praticamente a mesma convenção em *Lady Inger de Ostrat* e *Os Pretendentes ao Trono*, enquanto em *Os Vikings em Helgeland* prevalece uma convenção arcaica diferente. A razão para isso é que as primeiras peças são

---

[62] Não diz respeito à obra aqui traduzida, e sim a *"Os Vikings em Helgeland (Hærmændene paa Helgeland)*

históricas, com suas coordenadas de tempo e espaço cuidadosamente definidas, enquanto *Os Vikings em Helgeland* é puramente lendária. É verdade que Ibsen a ambientou no tempo de Erik Machado-Sangrento,[63] mas seu tema faz parte do antigo folclore dos povos europeus e sua ação não depende de circunstâncias políticas.

Portanto, em *Os Vikings em Helgeland*, usei a forma *"thou"* e permiti certos arcaísmos de vocabulário que foram excluídos das outras peças. Mesmo em *Os Vikings em Helgeland*, no entanto, rejeitei as formações verbais em *"eth"*, pois traziam associações bíblicas indesejáveis. Em algumas passagens de *Lady Inger de Ostrat* e *Os Pretendentes ao Trono*, como na cena final entre Nils Lykke e Eline, e na cena entre o rei Skule e Ingeborg, foi difícil aderir à forma *"you"*. Mas, no geral, estou mais incerto quanto ao uso de *"thou"* em *Os Vikings em Helgeland* do que quanto ao uso de *"you"* nas outras peças.

A grande e incontestável virtude do estilo de Ibsen nestas peças (ao menos em *Os Vikings em Helgeland* e *Os Pretendentes ao Trono*) é sua concisão refinada e sua simplicidade translúcida. Seu idioma, embora claramente distinto do norueguês cotidiano, está muito mais próximo dele do que o meu está do inglês cotidiano. O uso de *"thou"* teria aumentado ainda mais essa diferença e envolvido circunlocuções complicadas. Mesmo como está, com o auxílio das formas mais simples de *"you"*, raramente conseguimos reproduzir a frase norueguesa com algo semelhante à sua brevidade ressonante.

Seria exagerado esperar que as convenções que adotamos sejam aprovadas por todos os leitores, ou que tenhamos aderido a elas com perfeita consistência em todos os momentos. Confio que, antes de julgar nossas falhas com demasiada severidade, o leitor tente compreender a dificuldade de nossa tarefa.

No norueguês de *"Ornulf's Drapa"*[64] e de seus outros versos, a segunda e a quarta linha de cada estrofe rimam. Eu me aventurei a suprimir as rimas, enquanto enfatizava um pouco a rude aliteração que também está presente no original. É duvidoso que um versificador mais hábil do que eu pudesse ter reproduzido tanto a rima quanto a aliteração sem recorrer a paráfrases em vez de tradução; e tive menos escrúpulo em reter a aliteração em vez da rima, porque a rima parecia historicamente fora de lugar na boca de um skald islandês, e dramaticamente fora de lugar em uma improvisação. A fidelidade ao original é o único mérito que posso reivindicar para as minhas versões métricas como um todo. São traduções linha por linha, não paráfrases livres. O norueguês da canção de ninar de Margrete e da balada de Jatgeir podem ser encontrados a seguir:

MARGRETES VUGGEVISE

Nu loftes laft og lofte
til stjernehvælven blå;
nu flyver lille Håkon
med drømmevinger på.

Der er en stige stillet
fra jord til himlen op ;
nu stiger lille Håkon
med englene tiltop.

---

[63] Erik Machado-Sangrento (*Eiríkr blóðøx*, c. 895–954) foi um rei viking da Noruega e de *Jórvik* (Inglaterra), conhecido por sua brutalidade ao eliminar rivais, incluindo irmãos, na disputa pelo poder. Filho de Haroldo Cabelo Belo (*Harald Harfagri. Nota 26*), Erik foi deposto da Noruega por sua impopularidade e se exilou na Inglaterra, onde governou Jórvik até ser derrotado e morto em batalha.

[64]

Guds engle små, de våger
for vuggebarnets fred ;
Gud sign' dig, lille Håkon,
din moder våger med.

MARGRETE (rocks the cradle and sings).

Now roof and rafters blend with
the starry vault on high ;
now flieth little Hakon
on dream-wings through the sky.

There mounts a mighty stairway
from earth to God's own land ;
there Hakon with the angels
goes climbing, hand in hand.

God's angel -babes are watching
thy cot, the still night through ;
God bless thee, little Hakon,
thy mother watcheth too.

JATGEIRS KVAD

Hertug Skule blæste til Orething
under messen i Nidaros by;
hertug Skule tog kongsnavn, mens klokkerne ringede,
og sværdslag på skjold gav gny.

Kong Skule skred over Dovreskard
med tusinde svende på ski ;
Gudbrandsdølerne græd for grid
og købte for sølv sig fri.

Kong Skule sørover Mjøsen foer,
Oplændingen svor og snæred;
kong Skule foer gennem Raumarike
til Laka i Nannestad herred.

Det var den hellige faste-uge ;
Birkebejnerhæren kom ;
Knut jarl var høvding, sværdende talte
og fældte i kongstrætten dom.

Det siges forvist : siden Sverres dage
stod aldrig så bed en strid ;

blommet, som blodige kæmpers lagen,
blev vidden, der før var hvid.

De satte på sprang, de Birkebejner,
slang fra sig både biler og skjolde ;
mange hundrede satte dog ikke på sprang,
for de lå og var isende kolde.

Ingen ved hvor kong Håkon færdes ;
kong Skule har byer og borge.
Hil dig, herre ! Længe sidde du stor,
som konge for hele Norge.

JATGEIR (stands out in the middle of the floor)

Duke Skule he summoned the Orething
when 'twas mass-time in Nidaros town ;
and the bells rang and swords upon bucklers clashed bravely
when Duke Skule he donned the crown.

King Skule marched over the Dovrefjeld,
his host upon snow-shoes sped;
the Gudbranddalesman he grovelled for grace,
but his hoard must e'en ransom his head.

King Skule south over Miosen fared,
the Uplander cursed at his banner ;
King Skule hasted through Raumarike
to Laka in Nannestad manor.

'Twas all in the holy Shrove-tide week
we met with the Birchleg horde ;
Earl Knut was their captain the swords with loud tongue
in the suit for the throne made award.

They say of a truth that since Sverre's days
was never so hot a fight ;
red-sprent, like warriors' winding-sheets,
grew the upland that erst lay white.

They took to their heels did the Birchenlegs,
flinging from them both buckler and bill there;
many hundreds, though, took to their heels
nevermore, for they lay and were icily chill there.

No man knows where King Hakon hideth;
King Skule stands safe at the helm.
All hail and long life to thee, lord, in thy state
as monarch of Norway's realm!

ISBN: 978-65-01-24613-0
9 786501 246130